JAPANS

WOORDENSCHAT

THEMATISCHE WOORDENLIJST

NEDERLANDS JAPANS

De meest bruikbare woorden
Om uw woordenschat uit te breiden en
uw taalvaardigheid aan te scherpen

3000 woorden

Thematische woordenschat Nederlands-Japans - 3000 woorden

Door Andrey Taranov

Woordenlijsten van T&P Books zijn bedoeld om u woorden van een vreemde taal te helpen leren, onthouden, en bestudering. Dit woordenboek is ingedeeld in thema's en behandelt alle belangrijk terreinen van het dagelijkse leven, bedrijven, wetenschap, cultuur, etc.

Het proces van het leren van woorden met behulp van de op thema's gebaseerde aanpak van T&P Books biedt u de volgende voordelen:

* Correct gegroepeerde informatie is bepalend voor succes bij opeenvolgende stadia van het leren van woorden
* De beschikbaarheid van woorden die van dezelfde stam zijn maakt het mogelijk om woordgroepen te onthouden (in plaats van losse woorden)
* Kleine groepen van woorden faciliteren het proces van het aanmaken van associatieve verbindingen, die nodig zijn bij het consolideren van de woordenschat
* Het niveau van talenkennis kan worden ingeschat door het aantal geleerde woorden

T&P Books Publishing
www.tpbooks.com

ISBN: 978-1-78492-402-7

Dit boek is ook beschikbaar in e-boek formaat.
Gelieve www.tpbooks.com te bezoeken of de belangrijkste online boekwinkels.

JAPANSE WOORDENSCHAT
nieuwe woorden leren

T&P Books woordenlijsten zijn bedoeld om u te helpen vreemde woorden te leren, te onthouden, en te bestuderen. De woordenschat bevat meer dan 3000 veel gebruikte woorden die thematisch geordend zijn.

- De woordenlijst bevat de meest gebruikte woorden
- Aanbevolen als aanvulling bij welke taalcursus dan ook
- Voldoet aan de behoeften van de beginnende en gevorderde student in vreemde talen
- Geschikt voor dagelijks gebruik, bestudering en zelftestactiviteiten
- Maakt het mogelijk om uw woordenschat te evalueren

Bijzondere kenmerken van de woordenschat

- De woorden zijn gerangschikt naar hun betekenis, niet volgens alfabet
- De woorden worden weergegeven in drie kolommen om bestudering en zelftesten te vergemakkelijken
- Woorden in groepen worden verdeeld in kleine blokken om het leerproces te vergemakkelijken
- De woordenschat biedt een handige en eenvoudige beschrijving van elk buitenlands woord

De woordenschat bevat 101 onderwerpen zoals:

Basisconcepten, getallen, kleuren, maanden, seizoenen, meeteenheden, kleding en accessoires, eten & voeding, restaurant, familieleden, verwanten, karakter, gevoelens, emoties, ziekten, stad, dorp, bezienswaardigheden, winkelen, geld, huis, thuis, kantoor, werken op kantoor, import & export, marketing, werk zoeken, sport, onderwijs, computer, internet, gereedschap, natuur, landen, nationaliteiten en meer ...

INHOUDSOPGAVE

UITSPRAAKGIDS

Hiragana	Katakana	Romaji	Japans voorbeeld	T&P fonetisch alfabet	Nederlands voorbeeld

Medeklinkers

あ	ア	a	あなた	[a]	acht
い	イ	i	いす	[i], [i:]	bidden, lila
う	ウ	u	うた	[u], [u:]	hoed, doe
え	エ	e	いいえ	[e]	delen, spreken
お	オ	o	しお	[ɔ]	aankomst, bot
や	ヤ	ya	やすみ	[jɑ]	januari, jaar
ゆ	ユ	yu	ふゆ	[ju]	jullie, aquarium
よ	ヨ	yo	ようす	[jɔ]	New York, jongen

Lettergrepen

ば	バ	b	ばん	[b]	hebben
ち	チ	ch	ちち	[tʃ]	cappuccino, Engels - 'cheese'
だ	ダ	d	からだ	[d]	Dank u, honderd
ふ	フ	f	ひふ	[f]	feestdag, informeren
が	ガ	g	がっこう	[g]	goal, tango
は	ハ	h	はは	[h]	het, herhalen
じ	ジ	j	じしょ	[dʒ]	jeans, jungle
か	カ	k	かぎ	[k]	kennen, kleur
む	ム	m	さむらい	[m]	morgen, etmaal
に	ニ	n	にもつ	[n]	nemen, zonder
ば	バ	p	パン	[p]	parallel, koper
ら	ラ	r	いくら	[r]	roepen, breken
さ	サ	s	あさ	[s]	spreken, kosten
し	シ	sh	わたし	[ɕ]	Chicago, jasje
た	タ	t	ふた	[t]	tomaat, taart
つ	ツ	ts	いくつ	[ts]	niets, plaats
わ	ワ	w	わた	[w]	twee, willen
ざ	ザ	z	ざっし	[dz]	zeldzaam

AFKORTINGEN
gebruikt in de woordenschat

Nederlandse afkortingen

mann.	-	mannelijk
vrouw.	-	vrouwelijk
mv.	-	meervoud
on.ww.	-	onovergankelijk werkwoord
ov.ww.	-	overgankelijk werkwoord
bn	-	bijvoeglijk naamwoord
bw	-	bijwoord
abn	-	als bijvoeglijk naamwoord
bijv.	-	bijvoorbeeld
enz.	-	enzovoort
wisk.	-	wiskunde
enk.	-	enkelvoud
ov.	-	over
mil.	-	militair
vn	-	voornaamwoord
telb.	-	telbaar
form.	-	formele taal
ontelb.	-	ontelbaar
inform.	-	informele taal
vw	-	voegwoord
vz	-	voorzetsel
ww	-	werkwoord

Nederlandse artikelen

de	-	gemeenschappelijk geslacht
het	-	onzijdig
de/het	-	onzijdig, gemeenschappelijk geslacht

BASISBEGRIPPEN

1. Voornaamwoorden

ik	私	watashi
jij, je	あなた	anata
hij	彼	kare
zij, ze	彼女	kanojo
wij, we	私たち	watashi tachi
jullie	あなたがた	anata ga ta
zij, ze	彼らは	karera wa

2. Begroetingen. Begroetingen

Hallo! Dag!	やあ！	yā!
Hallo!	こんにちは！	konnichiwa!
Goedemorgen!	おはよう！	ohayō!
Goedemiddag!	こんにちは！	konnichiwa!
Goedenavond!	こんばんは！	konbanwa!
gedag zeggen (groeten)	こんにちはと言う	konnichiwa to iu
Hoi!	やあ！	yā!
groeten (het)	挨拶	aisatsu
verwelkomen (ww)	挨拶する	aisatsu suru
Hoe gaat het?	元気？	genki ?
Hoe gaat het met u?	お元気ですか？	wo genki desu ka?
Hoe is het?	元気？	genki ?
Is er nog nieuws?	調子はどう？	chōshi ha dō ?
Dag! Tot ziens!	さようなら！	sayōnara!
Tot ziens! (form.)	さようなら！	sayōnara!
Doei!	バイバイ！	baibai!
Tot snel! Tot ziens!	じゃあね！	jā ne!
Vaarwel!	さらば！	saraba !
afscheid nemen (ww)	別れを告げる	wakare wo tsugeru
Tot kijk!	またね！	mata ne!
Dank u!	ありがとう！	arigatō!
Dank u wel!	どうもありがとう！	dōmo arigatō!
Graag gedaan	どういたしまして	dōitashimashite
Geen dank!	礼なんていいよ	rei nante ī yo
Geen moeite.	どういたしまして	dōitashimashite
Excuseer me, ... (inform.)	失礼！	shitsurei!
Excuseer me, ... (form.)	失礼致します！	shitsurei itashi masu!
excuseren (verontschuldigen)	許す	yurusu

zich verontschuldigen	謝る	ayamaru
Mijn excuses.	おわび致します！	owabi itashi masu!
Het spijt me!	ごめんなさい！	gomennasai!
vergeven (ww)	許す	yurusu
Maakt niet uit!	大丈夫です！	daijōbu desu!
alsjeblieft	お願い	onegai

Vergeet het niet!	忘れないで！	wasure nai de!
Natuurlijk!	もちろん！	mochiron!
Natuurlijk niet!	そんなことないよ！	sonna koto nai yo!
Akkoord!	オーケー！	ōkē!
Zo is het genoeg!	もう十分だ！	mō jūbun da!

3. Vragen

Wie?	誰？	dare ?
Wat?	何？	nani ?
Waar?	どこに？	doko ni ?
Waarheen?	どちらへ？	dochira he ?
Waar ... vandaan?	どこから？	doko kara ?
Wanneer?	いつ？	itsu ?
Waarom?	なんで？	nande ?
Waarom?	どうして？	dōshite ?

Waarvoor dan ook?	何のために？	nan no tame ni ?
Hoe?	どうやって？	dō yatte?
Wat voor ...?	どんな ？	donna?
Welk?	どちらの…？	dochira no ... ?

Aan wie?	誰に？	dare ni ?
Over wie?	誰のこと？	dare no koto ?
Waarover?	何のこと？	nannokoto ?
Met wie?	誰と？	dare to ?
Van wie? (mann.)	誰のもの？	Dare no mono ?

4. Voorzetsels

met (bijv. ~ beleg)	…と、…と共に	... to, totomoni
zonder (~ accent)	…なしで	... nashi de
naar (in de richting van)	…へ	... he
over (praten ~)	…について	... ni tsuite
voor (in tijd)	…の前に	... no mae ni
voor (aan de voorkant)	…の正面に	... no shōmen ni

onder (lager dan)	下に	shita ni
boven (hoger dan)	上側に	uwagawa ni
op (bovenop)	上に	ue ni
van (uit, afkomstig van)	…から	... kara
van (gemaakt van)	…製の	... sei no

| over (bijv. ~ een uur) | …で | ... de |
| over (over de bovenkant) | …を越えて | ... wo koe te |

5. Functiewoorden. Bijwoorden. Deel 1

Waar?	どこに？	doko ni ?
hier (bw)	ここで	kokode
daar (bw)	そこで	sokode
ergens (bw)	どこかで	doko ka de
nergens (bw)	どこにも	doko ni mo
bij ... (in de buurt)	近くで	chikaku de
bij het raam	窓辺に	mado beni
Waarheen?	どちらへ？	dochira he ?
hierheen (bw)	こちらへ	kochira he
daarheen (bw)	そこへ	soko he
hiervandaan (bw)	ここから	koko kara
daarvandaan (bw)	そこから	soko kara
dichtbij (bw)	そばに	soba ni
ver (bw)	遠くに	tōku ni
in de buurt (van ...)	近く	chikaku
vlakbij (bw)	近くに	chikaku ni
niet ver (bw)	遠くない	tōku nai
linker (bn)	左の	hidari no
links (bw)	左に	hidari ni
linksaf, naar links (bw)	左へ	hidari he
rechter (bn)	右の	migi no
rechts (bw)	右に	migi ni
rechtsaf, naar rechts (bw)	右へ	migi he
vooraan (bw)	前に	mae ni
voorste (bn)	前の	mae no
vooruit (bw)	前方へ	zenpō he
achter (bw)	後ろに	ushiro ni
van achteren (bw)	後ろから	ushiro kara
achteruit (naar achteren)	後ろへ	ushiro he
midden (het)	中央	chūō
in het midden (bw)	中央に	chūō ni
opzij (bw)	側面から	sokumen kara
overal (bw)	どこでも	doko demo
omheen (bw)	…の周りを	… no mawari wo
binnenuit (bw)	中から	naka kara
naar ergens (bw)	どこかへ	dokoka he
rechtdoor (bw)	真っ直ぐに	massugu ni
terug (bijv. ~ komen)	戻って	modotte
ergens vandaan (bw)	どこからでも	doko kara demo
ergens vandaan	どこからか	doko kara ka
(en dit geld moet ~ komen)		

ten eerste (bw)	第一に	dai ichi ni
ten tweede (bw)	第二に	dai ni ni
ten derde (bw)	第三に	dai san ni

plotseling (bw)	急に	kyū ni
in het begin (bw)	初めは	hajime wa
voor de eerste keer (bw)	初めて	hajimete
lang voor … (bw)	…かなり前に	…kanari mae ni
opnieuw (bw)	新たに	arata ni
voor eeuwig (bw)	永遠に	eien ni

nooit (bw)	一度も	ichi do mo
weer (bw)	再び	futatabi
nu (bw)	今	ima
vaak (bw)	よく	yoku
toen (bw)	あのとき	ano toki
urgent (bw)	至急に	shikyū ni
meestal (bw)	普通は	futsū wa

trouwens, … (tussen haakjes)	ところで、…	tokorode, …
mogelijk (bw)	可能な	kanō na
waarschijnlijk (bw)	恐らく［おそらく］	osoraku
misschien (bw)	ことによると	kotoni yoru to
trouwens (bw)	それに	soreni
daarom …	従って	shitagatte
in weerwil van …	…にもかかわらず	… ni mo kakawara zu
dankzij …	…のおかげで	… no okage de

wat (vn)	何	nani
dat (vw)	…ということ	… toyuu koto
iets (vn)	何か	nani ka
iets	何か	nani ka
niets (vn)	何もない	nani mo nai

wie (~ is daar?)	誰	dare
iemand (een onbekende)	ある人	aru hito
iemand (een bepaald persoon)	誰か	dare ka

niemand (vn)	誰も…ない	dare mo … nai
nergens (bw)	どこへも	doko he mo
niemands (bn)	誰の…でもない	dare no … de mo nai
iemands (bn)	誰かの	dare ka no

zo (Ik ben ~ blij)	とても	totemo
ook (evenals)	また	mata
alsook (eveneens)	も	mo

6. Functiewoorden. Bijwoorden. Deel 2

Waarom?	どうして？	dōshite ?
om een bepaalde reden	なぜか［何故か］	naze ka
omdat …	なぜなら	nazenara

voor een bepaald doel	何らかの理由で	nanrakano riyū de
en (vw)	と	to
of (vw)	または	matawa
maar (vw)	でも	demo
voor (vz)	…のために	… no tame ni
te (~ veel mensen)	…すぎる	… sugiru
alleen (bw)	もっぱら	moppara
precies (bw)	正確に	seikaku ni
ongeveer (~ 10 kg)	約	yaku
omstreeks (bw)	おおよそ	ōyoso
bij benadering (bn)	おおよその	ōyosono
bijna (bw)	ほとんど	hotondo
rest (de)	残り	nokori
de andere (tweede)	もう一方の	mōippōno
ander (bn)	他の	hokano
elk (bn)	各	kaku
om het even welk	どれでも	dore demo
veel (telb.)	多くの	ōku no
veel (ontelb.)	多量の	taryō no
veel mensen	多くの人々	ōku no hitobito
iedereen (alle personen)	あらゆる人	arayuru hito
in ruil voor …	…の返礼として	… no henrei toshite
in ruil (bw)	引き換えに	hikikae ni
met de hand (bw)	手で	te de
onwaarschijnlijk (bw)	ほとんど…ない	hotondo … nai
waarschijnlijk (bw)	恐らく［おそらく］	osoraku
met opzet (bw)	わざと	wazato
toevallig (bw)	偶然に	gūzen ni
zeer (bw)	非常に	hijō ni
bijvoorbeeld (bw)	例えば	tatoeba
tussen (~ twee steden)	間	kan
tussen (te midden van)	…の間で	… no made
zoveel (bw)	たくさん	takusan
vooral (bw)	特に	tokuni

GETALLEN. DIVERSEN

7. Kardinale getallen. Deel 1

nul	ゼロ	zero
een	一	ichi
twee	二	ni
drie	三	san
vier	四	yon
vijf	五	go
zes	六	roku
zeven	七	nana
acht	八	hachi
negen	九	kyū
tien	十	jū
elf	十一	jū ichi
twaalf	十二	jū ni
dertien	十三	jū san
veertien	十四	jū yon
vijftien	十五	jū go
zestien	十六	jū roku
zeventien	十七	jū shichi
achttien	十八	jū hachi
negentien	十九	jū kyū
twintig	二十	ni jū
eenentwintig	二十一	ni jū ichi
tweeëntwintig	二十二	ni jū ni
drieëntwintig	二十三	ni jū san
dertig	三十	san jū
eenendertig	三十一	san jū ichi
tweeëndertig	三十二	san jū ni
drieëndertig	三十三	san jū san
veertig	四十	yon jū
eenenveertig	四十一	yon jū ichi
tweeënveertig	四十二	yon jū ni
drieënveertig	四十三	yon jū san
vijftig	五十	go jū
eenenvijftig	五十一	go jū ichi
tweeënvijftig	五十二	go jū ni
drieënvijftig	五十三	go jū san
zestig	六十	roku jū
eenenzestig	六十一	roku jū ichi

| tweeënzestig | 六十二 | roku jū ni |
| drieënzestig | 六十三 | roku jū san |

zeventig	七十	nana jū
eenenzeventig	七十一	nana jū ichi
tweeënzeventig	七十二	nana jū ni
drieënzeventig	七十三	nana jū san

tachtig	八十	hachi jū
eenentachtig	八十一	hachi jū ichi
tweeëntachtig	八十二	hachi jū ni
drieëntachtig	八十三	hachi jū san

negentig	九十	kyū jū
eenennegentig	九十一	kyū jū ichi
tweeënnegentig	九十二	kyū jū ni
drieënnegentig	九十三	kyū jū san

8. Kardinale getallen. Deel 2

honderd	百	hyaku
tweehonderd	二百	ni hyaku
driehonderd	三百	san byaku
vierhonderd	四百	yon hyaku
vijfhonderd	五百	go hyaku

zeshonderd	六百	roppyaku
zevenhonderd	七百	nana hyaku
achthonderd	八百	happyaku
negenhonderd	九百	kyū hyaku

duizend	千	sen
tweeduizend	二千	nisen
drieduizend	三千	sanzen
tienduizend	一万	ichiman
honderdduizend	10万	jyūman
miljoen (het)	百万	hyakuman
miljard (het)	十億	jūoku

9. Ordinale getallen

eerste (bn)	第一の	dai ichi no
tweede (bn)	第二の	dai ni no
derde (bn)	第三の	dai san no
vierde (bn)	第四の	dai yon no
vijfde (bn)	第五の	dai go no

zesde (bn)	第六の	dai roku no
zevende (bn)	第七の	dai nana no
achtste (bn)	第八の	dai hachi no
negende (bn)	第九の	dai kyū no
tiende (bn)	第十の	dai jū no

KLEUREN. MEETEENHEDEN

10. Kleuren

kleur (de)	色	iro
tint (de)	色合い	iroai
kleurnuance (de)	色相	shikisō
regenboog (de)	虹	niji
wit (bn)	白い	shiroi
zwart (bn)	黒い	kuroi
grijs (bn)	灰色の	haīro no
groen (bn)	緑の	midori no
geel (bn)	黄色い	kīroi
rood (bn)	赤い	akai
blauw (bn)	青い	aoi
lichtblauw (bn)	水色の	mizu iro no
roze (bn)	ピンクの	pinku no
oranje (bn)	オレンジの	orenji no
violet (bn)	紫色の	murasaki iro no
bruin (bn)	茶色の	chairo no
goud (bn)	金色の	kiniro no
zilverkleurig (bn)	銀色の	giniro no
beige (bn)	ベージュの	bēju no
roomkleurig (bn)	クリームの	kurīmu no
turkoois (bn)	ターコイズブルーの	tākoizuburū no
kersrood (bn)	チェリーレッドの	cherī reddo no
lila (bn)	ライラックの	rairakku no
karmijnrood (bn)	クリムゾンの	kurimuzon no
licht (bn)	薄い	usui
donker (bn)	濃い	koi
fel (bn)	鮮やかな	azayaka na
kleur-, kleurig (bn)	色の	iro no
kleuren- (abn)	カラー…	karā…
zwart-wit (bn)	白黒の	shirokuro no
eenkleurig (bn)	単色の	tanshoku no
veelkleurig (bn)	色とりどりの	irotoridori no

11. Meeteenheden

gewicht (het)	重さ	omo sa
lengte (de)	長さ	naga sa

breedte (de)	幅	haba
hoogte (de)	高さ	taka sa
diepte (de)	深さ	fuka sa
volume (het)	体積	taiseki
oppervlakte (de)	面積	menseki

gram (het)	グラム	guramu
milligram (het)	ミリグラム	miriguramu
kilogram (het)	キログラム	kiroguramu
ton (duizend kilo)	トン	ton
pond (het)	ポンド	pondo
ons (het)	オンス	onsu

meter (de)	メートル	mētoru
millimeter (de)	ミリメートル	mirimētoru
centimeter (de)	センチメートル	senchimētoru
kilometer (de)	キロメートル	kiromētoru
mijl (de)	マイル	mairu

duim (de)	インチ	inchi
voet (de)	フィート	fīto
yard (de)	ヤード	yādo

| vierkante meter (de) | 平方メートル | heihō mētoru |
| hectare (de) | ヘクタール | hekutāru |

liter (de)	リットル	rittoru
graad (de)	度	do
volt (de)	ボルト	boruto
ampère (de)	アンペア	anpea
paardenkracht (de)	馬力	bariki

hoeveelheid (de)	数量	sūryō
een beetje …	少し	sukoshi
helft (de)	半分	hanbun
dozijn (het)	ダース	dāsu
stuk (het)	一個	ikko

| afmeting (de) | 大きさ | ōki sa |
| schaal (bijv. ~ van 1 op 50) | 縮尺 | shukushaku |

minimaal (bn)	極小の	kyokushō no
minste (bn)	最小の	saishō no
medium (bn)	中位の	chūi no
maximaal (bn)	極大の	kyokudai no
grootste (bn)	最大の	saidai no

12. Containers

glazen pot (de)	ジャー、瓶	jā, bin
blik (conserven~)	缶	kan
emmer (de)	バケツ	baketsu
ton (bijv. regenton)	樽	taru
ronde waterbak (de)	たらい [盥]	tarai

tank (bijv. watertank-70-ltr)	タンク	tanku
heupfles (de)	スキットル	sukittoru
jerrycan (de)	ジェリカン	jerikan
tank (bijv. ketelwagen)	積荷タンク	tsumini tanku
beker (de)	マグカップ	magukappu
kopje (het)	カップ	kappu
schoteltje (het)	ソーサー	sōsā
glas (het)	ガラスのコップ	garasu no koppu
wijnglas (het)	ワイングラス	wain gurasu
steelpan (de)	両手鍋	ryō tenabe
fles (de)	ボトル	botoru
flessenhals (de)	ネック	nekku
karaf (de)	デキャンター	dekyanta
kruik (de)	水差し	mizusashi
vat (het)	器	utsuwa
pot (de)	鉢	hachi
vaas (de)	花瓶	kabin
flacon (de)	瓶	bin
flesje (het)	バイアル	bai aru
tube (bijv. ~ tandpasta)	チューブ	chūbu
zak (bijv. ~ aardappelen)	南京袋	nankinbukuro
tasje (het)	袋	fukuro
pakje (~ sigaretten, enz.)	箱	hako
doos (de)	箱	hako
kist (de)	木箱	ki bako
mand (de)	かご [籠]	kago

BELANGRIJKSTE WERKWOORDEN

13. De belangrijkste werkwoorden. Deel 1

aanbevelen (ww)	推薦する	suisen suru
aandringen (ww)	主張する	shuchō suru
aankomen (per auto, enz.)	到着する	tōchaku suru
aanraken (ww)	触れる	fureru
adviseren (ww)	助言する	jogen suru
afdalen (on.ww.)	下りる	oriru
afslaan (naar rechts ~)	曲がる	magaru
antwoorden (ww)	回答する	kaitō suru
bang zijn (ww)	怖がる	kowagaru
bedreigen	脅す	odosu
(bijv. met een pistool)		
bedriegen (ww)	だます	damasu
beëindigen (ww)	終える	oeru
beginnen (ww)	始める	hajimeru
begrijpen (ww)	理解する	rikai suru
beheren (managen)	管理する	kanri suru
beledigen	侮辱する	bujoku suru
(met scheldwoorden)		
beloven (ww)	約束する	yakusoku suru
bereiden (koken)	料理をする	ryōri wo suru
bespreken (spreken over)	討議する	tōgi suru
bestellen (eten ~)	注文する	chūmon suru
bestraffen (een stout kind ~)	罰する	bassuru
betalen (ww)	払う	harau
betekenen (beduiden)	意味する	imi suru
betreuren (ww)	後悔する	kōkai suru
bevallen (prettig vinden)	好む	konomu
bevelen (mil.)	命令する	meirei suru
bevrijden (stad, enz.)	解放する	kaihō suru
bewaren (ww)	保つ	tamotsu
bezitten (ww)	所有する	shoyū suru
bidden (praten met God)	祈る	inoru
binnengaan (een kamer ~)	入る	hairu
breken (ww)	折る、壊す	oru, kowasu
controleren (ww)	管制する	kansei suru
creëren (ww)	創造する	sōzō suru
deelnemen (ww)	参加する	sanka suru
denken (ww)	思う	omō
doden (ww)	殺す	korosu

| doen (ww) | する | suru |
| dorst hebben (ww) | 喉が渇く | nodo ga kawaku |

14. De belangrijkste werkwoorden. Deel 2

een hint geven	暗示する	anji suru
eisen (met klem vragen)	要求する	yōkyū suru
excuseren (vergeven)	許す	yurusu
existeren (bestaan)	存在する	sonzai suru
gaan (te voet)	行く	iku

gaan zitten (ww)	座る	suwaru
gaan zwemmen	海水浴をする	kaisuiyoku wo suru
geven (ww)	手渡す	tewatasu
glimlachen (ww)	ほほえむ [微笑む]	hohoemu
goed raden (ww)	言い当てる	īateru

grappen maken (ww)	冗談を言う	jōdan wo iu
graven (ww)	掘る	horu
hebben (ww)	持つ	motsu
helpen (ww)	手伝う	tetsudau
herhalen (opnieuw zeggen)	復唱する	fukushō suru
honger hebben (ww)	腹をすかす	hara wo sukasu

hopen (ww)	希望する	kibō suru
horen (waarnemen met het oor)	聞く	kiku
huilen (wenen)	泣く	naku
huren (huis, kamer)	借りる	kariru
informeren (informatie geven)	知らせる	shiraseru
instemmen (akkoord gaan)	同意する	dōi suru
jagen (ww)	狩る	karu
kennen (kennis hebben van iemand)	知っている	shitte iru
kiezen (ww)	選択する	sentaku suru
klagen (ww)	不平を言う	fuhei wo iu

kosten (ww)	かかる	kakaru
kunnen (ww)	できる	dekiru
lachen (ww)	笑う	warau
laten vallen (ww)	落とす	otosu
lezen (ww)	読む	yomu

liefhebben (ww)	愛する	aisuru
lunchen (ww)	昼食をとる	chūshoku wo toru
nemen (ww)	取る	toru
nodig zijn (ww)	必要である	hitsuyō de aru

15. De belangrijkste werkwoorden. Deel 3

| onderschatten (ww) | 甘く見る | amaku miru |
| ondertekenen (ww) | 署名する | shomei suru |

ontbijten (ww)	朝食をとる	chōshoku wo toru
openen (ww)	開ける	akeru
ophouden (ww)	止める	tomeru
opmerken (zien)	見掛ける	mikakeru
opscheppen (ww)	自慢する	jiman suru
opschrijven (ww)	書き留める	kakitomeru
plannen (ww)	計画する	keikaku suru
prefereren (verkiezen)	好む	konomu
proberen (trachten)	試みる	kokoromiru
redden (ww)	救出する	kyūshutsu suru
rekenen op ...	…を頼りにする	... wo tayori ni suru
rennen (ww)	走る	hashiru
reserveren (een hotelkamer ~)	予約する	yoyaku suru
roepen (om hulp)	求める	motomeru
schieten (ww)	撃つ	utsu
schreeuwen (ww)	叫ぶ	sakebu
schrijven (ww)	書く	kaku
souperen (ww)	夕食をとる	yūshoku wo toru
spelen (kinderen)	遊ぶ	asobu
spreken (ww)	話す	hanasu
stelen (ww)	盗む	nusumu
stoppen (pauzeren)	止まる	tomaru
studeren (Nederlands ~)	勉強する	benkyō suru
sturen (zenden)	送る	okuru
tellen (optellen)	計算する	keisan suru
toebehoren ...	所有物である	shoyū butsu de aru
toestaan (ww)	許可する	kyoka suru
tonen (ww)	見せる	miseru
twijfelen (onzeker zijn)	疑う	utagau
uitgaan (ww)	出る	deru
uitnodigen (ww)	招待する	shōtai suru
uitspreken (ww)	発音する	hatsuon suru
uitvaren tegen (ww)	叱る［しかる］	shikaru

16. De belangrijkste werkwoorden. Deel 4

vallen (ww)	落ちる	ochiru
vangen (ww)	捕らえる	toraeru
veranderen (anders maken)	変える	kaeru
verbaasd zijn (ww)	驚く	odoroku
verbergen (ww)	隠す	kakusu
verdedigen (je land ~)	防衛する	bōei suru
verenigen (ww)	合体させる	gattai saseru
vergelijken (ww)	比較する	hikaku suru
vergeten (ww)	忘れる	wasureru
vergeven (ww)	許す	yurusu
verklaren (uitleggen)	説明する	setsumei suru

verkopen (per stuk ~)	売る	uru
vermelden (praten over)	言及する	genkyū suru
versieren (decoreren)	飾る	kazaru
vertalen (ww)	翻訳する	honyaku suru
vertrouwen (ww)	信用する	shinyō suru
vervolgen (ww)	続ける	tsuzukeru
verwarren (met elkaar ~)	混同する	kondō suru
verzoeken (ww)	頼む	tanomu
verzuimen (school, enz.)	欠席する	kesseki suru
vinden (ww)	見つける	mitsukeru
vliegen (ww)	飛ぶ	tobu
volgen (ww)	…について行く	… ni tsuiteiku
voorstellen (ww)	提案する	teian suru
voorzien (verwachten)	見越す	mikosu
vragen (ww)	問う	tō
waarnemen (ww)	監視する	kanshi suru
waarschuwen (ww)	警告する	keikoku suru
wachten (ww)	待つ	matsu
weerspreken (ww)	反対する	hantai suru
weigeren (ww)	拒絶する	kyozetsu suru
werken (ww)	働く	hataraku
weten (ww)	知る	shiru
willen (verlangen)	欲する	hossuru
zeggen (ww)	言う	iu
zich haasten (ww)	急ぐ	isogu
zich interesseren voor …	…に興味がある	… ni kyōmi ga aru
zich vergissen (ww)	誤りをする	ayamari wo suru
zich verontschuldigen	謝る	ayamaru
zien (ww)	見る	miru
zijn (ww)	ある	aru
zoeken (ww)	探す	sagasu
zwemmen (ww)	泳ぐ	oyogu
zwijgen (ww)	沈黙を守る	chinmoku wo mamoru

TIJD. KALENDER

17. Dagen van de week

maandag (de)	月曜日	getsuyōbi
dinsdag (de)	火曜日	kayōbi
woensdag (de)	水曜日	suiyōbi
donderdag (de)	木曜日	mokuyōbi
vrijdag (de)	金曜日	kinyōbi
zaterdag (de)	土曜日	doyōbi
zondag (de)	日曜日	nichiyōbi
vandaag (bw)	今日	kyō
morgen (bw)	明日	ashita
overmorgen (bw)	明後日 [あさって]	asatte
gisteren (bw)	昨日	kinō
eergisteren (bw)	一昨日 [おととい]	ototoi
dag (de)	日	nichi
werkdag (de)	営業日	eigyōbi
feestdag (de)	公休	kōkyū
verlofdag (de)	休み	yasumi
weekend (het)	週末	shūmatsu
de hele dag (bw)	一日中	ichi nichi chū
de volgende dag (bw)	翌日	yokujitsu
twee dagen geleden	2日前に	futsu ka mae ni
aan de vooravond (bw)	その前日に	sono zenjitsu ni
dag-, dagelijks (bn)	毎日の	mainichi no
elke dag (bw)	毎日	mainichi
week (de)	週	shū
vorige week (bw)	先週	senshū
volgende week (bw)	来週	raishū
wekelijks (bn)	毎週の	maishū no
elke week (bw)	毎週	maishū
twee keer per week	週に2回	shūni nikai
elke dinsdag	毎週火曜日	maishū kayōbi

18. Uren. Dag en nacht

morgen (de)	朝	asa
's morgens (bw)	朝に	asa ni
middag (de)	正午	shōgo
's middags (bw)	午後に	gogo ni
avond (de)	夕方	yūgata
's avonds (bw)	夕方に	yūgata ni

nacht (de)	夜	yoru
's nachts (bw)	夜に	yoru ni
middernacht (de)	真夜中	mayonaka

seconde (de)	秒	byō
minuut (de)	分	fun, pun
uur (het)	時間	jikan
halfuur (het)	30分	san jū fun
kwartier (het)	15分	jū go fun
vijftien minuten	15分	jū go fun
etmaal (het)	一昼夜	icchūya

zonsopgang (de)	日の出	hinode
dageraad (de)	夜明け	yoake
vroege morgen (de)	早朝	sōchō
zonsondergang (de)	夕日	yūhi

's morgens vroeg (bw)	早朝に	sōchō ni
vanmorgen (bw)	今朝	kesa
morgenochtend (bw)	明日の朝	ashita no asa

vanmiddag (bw)	今日の午後	kyō no gogo
's middags (bw)	午後	gogo
morgenmiddag (bw)	明日の午後	ashita no gogo

vanavond (bw)	今夜	konya
morgenavond (bw)	明日の夜	ashita no yoru

klokslag drie uur	3時ちょうどに	sanji chōdo ni
ongeveer vier uur	4時頃	yoji goro
tegen twaalf uur	12時までに	jūniji made ni

over twintig minuten	20分後	nijuppungo
over een uur	一時間後	ichi jikan go
op tijd (bw)	予定通りに	yotei dōri ni

kwart voor ...	…時15分	... ji jyūgo fun
binnen een uur	1時間で	ichi jikan de
elk kwartier	15分ごとに	jyūgo fun goto ni
de klok rond	昼も夜も	hiru mo yoru mo

19. Maanden. Seizoenen

januari (de)	一月	ichigatsu
februari (de)	二月	nigatsu
maart (de)	三月	sangatsu
april (de)	四月	shigatsu
mei (de)	五月	gogatsu
juni (de)	六月	rokugatsu

juli (de)	七月	shichigatsu
augustus (de)	八月	hachigatsu
september (de)	九月	kugatsu
oktober (de)	十月	jūgatsu

november (de)	十一月	jūichigatsu
december (de)	十二月	jūnigatsu
lente (de)	春	haru
in de lente (bw)	春に	haru ni
lente- (abn)	春の	haru no
zomer (de)	夏	natsu
in de zomer (bw)	夏に	natsu ni
zomer-, zomers (bn)	夏の	natsu no
herfst (de)	秋	aki
in de herfst (bw)	秋に	aki ni
herfst- (abn)	秋の	aki no
winter (de)	冬	fuyu
in de winter (bw)	冬に	fuyu ni
winter- (abn)	冬の	fuyu no
maand (de)	月	tsuki
deze maand (bw)	今月	kongetsu
volgende maand (bw)	来月	raigetsu
vorige maand (bw)	先月	sengetsu
een maand geleden (bw)	一ヶ月前	ichi kagetsu mae
over een maand (bw)	一ヶ月後	ichi kagetsu go
over twee maanden (bw)	二ヶ月後	ni kagetsu go
de hele maand (bw)	丸一ヶ月	maru ichi kagetsu
een volle maand (bw)	一ヶ月間ずっと	ichi kagetsu kan zutto
maand-, maandelijks (bn)	月刊の	gekkan no
maandelijks (bw)	毎月	maitsuki
elke maand (bw)	月1回	tsuki ichi kai
twee keer per maand	月に2回	tsuki ni ni kai
jaar (het)	年	nen
dit jaar (bw)	今年	kotoshi
volgend jaar (bw)	来年	rainen
vorig jaar (bw)	去年	kyonen
een jaar geleden (bw)	一年前	ichi nen mae
over een jaar	一年後	ichi nen go
over twee jaar	二年後	ni nen go
het hele jaar	丸一年	maru ichi nen
een vol jaar	通年	tsūnen
elk jaar	毎年	maitoshi
jaar-, jaarlijks (bn)	毎年の	maitoshi no
jaarlijks (bw)	年1回	toshi ichi kai
4 keer per jaar	年に4回	toshi ni yon kai
datum (de)	日付	hizuke
datum (de)	年月日	nengappi
kalender (de)	カレンダー	karendā
een half jaar	半年	hantoshi
zes maanden	6ヶ月	roku kagetsu

seizoen (bijv. lente, zomer)	季節	kisetsu
eeuw (de)	世紀	seiki

REIZEN. HOTEL

20. Trip. Reizen

toerisme (het)	観光	kankō
toerist (de)	観光客	kankō kyaku
reis (de)	旅行	ryokō
avontuur (het)	冒険	bōken
tocht (de)	旅	tabi
vakantie (de)	休暇	kyūka
met vakantie zijn	休暇中です	kyūka chū desu
rust (de)	休み	yasumi
trein (de)	列車	ressha
met de trein	列車で	ressha de
vliegtuig (het)	航空機	kōkūki
met het vliegtuig	飛行機で	hikōki de
met de auto	車で	kuruma de
per schip (bw)	船で	fune de
bagage (de)	荷物	nimotsu
valies (de)	スーツケース	sūtsukēsu
bagagekarretje (het)	荷物カート	nimotsu kāto
paspoort (het)	パスポート	pasupōto
visum (het)	ビザ	biza
kaartje (het)	乗車券	jōsha ken
vliegticket (het)	航空券	kōkū ken
reisgids (de)	ガイドブック	gaido bukku
kaart (de)	地図	chizu
gebied (landelijk ~)	地域	chīki
plaats (de)	場所	basho
exotische bestemming (de)	エキゾチック	ekizochikku
exotisch (bn)	エキゾチックな	ekizochikku na
verwonderlijk (bn)	驚くべき	odoroku beki
groep (de)	団	dan
rondleiding (de)	小旅行	shō ryokō
gids (de)	ツアーガイド	tuā gaido

21. Hotel

hotel (het)	ホテル	hoteru
motel (het)	モーテル	mō teru
3-sterren	三つ星	mitsu boshi

5-sterren	五つ星	itsutsu boshi
overnachten (ww)	泊まる	tomaru
kamer (de)	部屋、ルーム	heya, rūmu
eenpersoonskamer (de)	シングルルーム	shinguru rūmu
tweepersoonskamer (de)	ダブルルーム	daburu rūmu
een kamer reserveren	部屋を予約する	heya wo yoyaku suru
halfpension (het)	ハーフボード	hāfu bōdo
volpension (het)	フルボード	furu bōdo
met badkamer	浴槽付きの	yokusō tsuki no
met douche	シャワー付きの	shawā tsuki no
satelliet-tv (de)	衛星テレビ	eisei terebi
airconditioner (de)	エアコン	eakon
handdoek (de)	タオル	taoru
sleutel (de)	鍵	kagi
administrateur (de)	管理人	kanri jin
kamermeisje (het)	客室係	kyakushitsu gakari
piccolo (de)	ベルボーイ	beru bōi
portier (de)	ドアマン	doa man
restaurant (het)	レストラン	resutoran
bar (de)	パブ、バー	pabu, bā
ontbijt (het)	朝食	chōshoku
avondeten (het)	夕食	yūshoku
buffet (het)	ビュッフェ	byuffe
hal (de)	ロビー	robī
lift (de)	エレベーター	erebētā
NIET STOREN	起こさないで下さい	okosa nai de kudasai
VERBODEN TE ROKEN!	禁煙	kinen

22. Bezienswaardigheden

monument (het)	記念碑	kinen hi
vesting (de)	要塞	yōsai
paleis (het)	宮殿	kyūden
kasteel (het)	城	shiro
toren (de)	塔	tō
mausoleum (het)	マウソレウム	mausoreumu
architectuur (de)	建築	kenchiku
middeleeuws (bn)	中世の	chūsei no
oud (bn)	古代の	kodai no
nationaal (bn)	国の	kuni no
bekend (bn)	有名な	yūmei na
toerist (de)	観光客	kankō kyaku
gids (de)	ガイド	gaido
rondleiding (de)	小旅行	shō ryokō
tonen (ww)	案内する	annai suru

vertellen (ww)	話をする	hanashi wo suru
vinden (ww)	見つける	mitsukeru
verdwalen (de weg kwijt zijn)	道に迷う	michi ni mayō
plattegrond (~ van de metro)	地図	chizu
plattegrond (~ van de stad)	地図	chizu
souvenir (het)	土産	miyage
souvenirwinkel (de)	土産品店	miyage hin ten
een foto maken (ww)	写真に撮る	shashin ni toru
zich laten fotograferen	写真を撮られる	shashin wo torareru

VERVOER

23. Vliegveld

luchthaven (de)	空港	kūkō
vliegtuig (het)	航空機	kōkūki
luchtvaartmaatschappij (de)	航空会社	kōkū gaisha
luchtverkeersleider (de)	航空管制官	kōkū kansei kan
vertrek (het)	出発	shuppatsu
aankomst (de)	到着	tōchaku
aankomen (per vliegtuig)	到着する	tōchaku suru
vertrektijd (de)	出発時刻	shuppatsu jikoku
aankomstuur (het)	到着時刻	tōchaku jikoku
vertraagd zijn (ww)	遅れる	okureru
vluchtvertraging (de)	フライトの遅延	furaito no chien
informatiebord (het)	フライト情報	furaito jōhō
informatie (de)	案内	annai
aankondigen (ww)	アナウンスする	anaunsu suru
vlucht (bijv. KLM ~)	フライト	furaito
douane (de)	税関	zeikan
douanier (de)	税関吏	zeikanri
douaneaangifte (de)	税関申告	zeikan shinkoku
invullen (douaneaangifte ~)	記入する	kinyū suru
een douaneaangifte invullen	申告書を記入する	shinkoku sho wo kinyū suru
paspoortcontrole (de)	入国審査	nyūkoku shinsa
bagage (de)	荷物	nimotsu
handbagage (de)	持ち込み荷物	mochikomi nimotsu
Gevonden voorwerpen	荷物紛失窓口	nimotsu funshitsu madoguchi
bagagekarretje (het)	荷物カート	nimotsu kāto
landing (de)	着陸	chakuriku
landingsbaan (de)	滑走路	kassō ro
landen (ww)	着陸する	chakuriku suru
vliegtuigtrap (de)	タラップ	tarappu
inchecken (het)	チェックイン	chekkuin
incheckbalie (de)	チェックインカウンター	chekkuin kauntā
inchecken (ww)	チェックインする	chekkuin suru
instapkaart (de)	搭乗券	tōjō ken
gate (de)	出発ゲート	shuppatsu gēto
transit (de)	乗り継ぎ	noritsugi
wachten (ww)	待つ	matsu

wachtzaal (de)	出発ロビー	shuppatsu robī
begeleiden (uitwuiven)	見送る	miokuru
afscheid nemen (ww)	別れを告げる	wakare wo tsugeru

24. Vliegtuig

vliegtuig (het)	航空機	kōkūki
vliegticket (het)	航空券	kōkū ken
luchtvaartmaatschappij (de)	航空会社	kōkū gaisha
luchthaven (de)	空港	kūkō
supersonisch (bn)	超音速の	chō onsoku no

gezagvoerder (de)	機長	kichō
bemanning (de)	乗務員	jōmu in
piloot (de)	パイロット	pairotto
stewardess (de)	客室乗務員	kyakushitsu jōmu in
stuurman (de)	航空士	kōkū shi

vleugels (mv.)	翼	tsubasa
staart (de)	尾部	o bu
cabine (de)	コックピット	kokkupitto
motor (de)	エンジン	enjin

| landingsgestel (het) | 着陸装置 | chakuriku sōchi |
| turbine (de) | タービン | tābin |

| propeller (de) | プロペラ | puropera |
| zwarte doos (de) | ブラックボックス | burakku bokkusu |

| stuur (het) | 操縦ハンドル | sōjū handoru |
| brandstof (de) | 燃料 | nenryō |

veiligheidskaart (de)	安全のしおり	anzen no shiori
zuurstofmasker (het)	酸素マスク	sanso masuku
uniform (het)	制服	seifuku

| reddingsvest (de) | ライフジャケット | raifu jaketto |
| parachute (de) | 落下傘 | rakkasan |

opstijgen (het)	離陸	ririku
opstijgen (ww)	離陸する	ririku suru
startbaan (de)	滑走路	kassō ro

| zicht (het) | 視程 | shitei |
| vlucht (de) | 飛行 | hikō |

| hoogte (de) | 高度 | kōdo |
| luchtzak (de) | エアポケット | eapoketto |

plaats (de)	席	seki
koptelefoon (de)	ヘッドホン	heddohon
tafeltje (het)	折りたたみ式のテーブル	oritatami shiki no tēburu
venster (het)	機窓	kisō
gangpad (het)	通路	tsūro

25. Trein

trein (de)	列車	ressha
elektrische trein (de)	通勤列車	tsūkin ressha
sneltrein (de)	高速鉄道	kōsoku tetsudō
diesellocomotief (de)	ディーゼル機関車	dīzeru kikan sha
locomotief (de)	蒸気機関車	jōki kikan sha
rijtuig (het)	客車	kyakusha
restauratierijtuig (het)	食堂車	shokudō sha
rails (mv.)	レール	rēru
spoorweg (de)	鉄道	tetsudō
dwarsligger (de)	枕木	makuragi
perron (het)	ホーム	hōmu
spoor (het)	線路	senro
semafoor (de)	鉄道信号機	tetsudō shingō ki
halte (bijv. kleine treinhalte)	駅	eki
machinist (de)	機関士	kikan shi
kruier (de)	ポーター	pōtā
conducteur (de)	車掌	shashō
passagier (de)	乗客	jōkyaku
controleur (de)	検札係	kensatsu gakari
gang (in een trein)	通路	tsūro
noodrem (de)	非常ブレーキ	hijō burēki
coupé (de)	コンパートメント	konpātomento
bed (slaapplaats)	寝台	shindai
bovenste bed (het)	上段寝台	jōdan shindai
onderste bed (het)	下段寝台	gedan shindai
beddengoed (het)	リネン	rinen
kaartje (het)	乗車券	jōsha ken
dienstregeling (de)	時刻表	jikoku hyō
informatiebord (het)	発車標	hassha shirube
vertrekken (De trein vertrekt …)	発車する	hassha suru
vertrek (ov. een trein)	発車	hassha
aankomen (ov. de treinen)	到着する	tōchaku suru
aankomst (de)	到着	tōchaku
aankomen per trein	電車で来る	densha de kuru
in de trein stappen	電車に乗る	densha ni noru
uit de trein stappen	電車をおりる	densha wo oriru
treinwrak (het)	鉄道事故	tetsudō jiko
ontspoord zijn	脱線する	dassen suru
locomotief (de)	蒸気機関車	jōki kikan sha
stoker (de)	火夫	kafu
stookplaats (de)	火室	kashitsu
steenkool (de)	石炭	sekitan

26. Schip

schip (het)	船舶	senpaku
vaartuig (het)	大型船	ōgata sen
stoomboot (de)	蒸気船	jōki sen
motorschip (het)	川船	kawabune
lijnschip (het)	遠洋定期船	enyō teiki sen
kruiser (de)	クルーザー	kurūzā
jacht (het)	ヨット	yotto
sleepboot (de)	曳船	eisen
duwbak (de)	艀、バージ	hashike, bāji
ferryboot (de)	フェリー	ferī
zeilboot (de)	帆船	hansen
brigantijn (de)	ブリガンティン	burigantin
IJsbreker (de)	砕水船	saihyō sen
duikboot (de)	潜水艦	sensui kan
boot (de)	ボート	bōto
sloep (de)	ディンギー	dingī
reddingssloep (de)	救命艇	kyūmei tei
motorboot (de)	モーターボート	mōtābōto
kapitein (de)	船長	senchō
zeeman (de)	船員	senin
matroos (de)	水夫	suifu
bemanning (de)	乗組員	norikumi in
bootsman (de)	ボースン	bōsun
scheepsjongen (de)	キャビンボーイ	kyabin bōi
kok (de)	船のコック	fune no kokku
scheepsarts (de)	船医	seni
dek (het)	甲板	kanpan
mast (de)	マスト	masuto
zeil (het)	帆	ho
ruim (het)	船倉	funagura
voorsteven (de)	船首	senshu
achtersteven (de)	船尾	senbi
roeispaan (de)	櫂	kai
schroef (de)	プロペラ	puropera
kajuit (de)	船室	senshitsu
officierskamer (de)	士官室	shikan shitsu
machinekamer (de)	機関室	kikan shitsu
brug (de)	船橋	funabashi
radiokamer (de)	無線室	musen shitsu
radiogolf (de)	電波	denpa
logboek (het)	航海日誌	kōkai nisshi
verrekijker (de)	単眼望遠鏡	tangan bōenkyō
klok (de)	船鐘	funekane

vlag (de)	旗	hata
kabel (de)	ロープ	rōpu
knoop (de)	結び目	musubime
trapleuning (de)	手摺	tesuri
trap (de)	舷門	genmon
anker (het)	錨 [いかり]	ikari
het anker lichten	錨をあげる	ikari wo ageru
het anker neerlaten	錨を下ろす	ikari wo orosu
ankerketting (de)	錨鎖	byōsa
haven (bijv. containerhaven)	港	minato
kaai (de)	埠頭	futō
aanleggen (ww)	係留する	keiryū suru
wegvaren (ww)	出航する	shukkō suru
reis (de)	旅行	ryokō
cruise (de)	クルーズ	kurūzu
koers (de)	針路	shinro
route (de)	船のルート	fune no rūto
vaarwater (het)	航路	kōro
zandbank (de)	浅瀬	asase
stranden (ww)	浅瀬に乗り上げる	asase ni noriageru
storm (de)	嵐	arashi
signaal (het)	信号	shingō
zinken (ov. een boot)	沈没する	chinbotsu suru
Man overboord!	落水したぞ！	ochimizu shi ta zo!
SOS (noodsignaal)	SOS	esuōesu
reddingsboei (de)	救命浮輪	kyūmei ukiwa

STAD

27. Stedelijk vervoer

bus, autobus (de)	バス	basu
tram (de)	路面電車	romen densha
trolleybus (de)	トロリーバス	tororībasu
route (de)	路線	rosen
nummer (busnummer, enz.)	番号	bangō
rijden met ...	…で行く	... de iku
stappen (in de bus ~)	乗る	noru
afstappen (ww)	降りる	oriru
halte (de)	停	toma
volgende halte (de)	次の停車駅	tsugi no teishaeki
eindpunt (het)	終着駅	shūchakueki
dienstregeling (de)	時刻表	jikoku hyō
wachten (ww)	待つ	matsu
kaartje (het)	乗車券	jōsha ken
reiskosten (de)	運賃	unchin
kassier (de)	販売員	hanbai in
kaartcontrole (de)	集札	shū satsu
controleur (de)	車掌	shashō
te laat zijn (ww)	遅れる	okureru
missen (de bus ~)	逃す	nogasu
zich haasten (ww)	急ぐ	isogu
taxi (de)	タクシー	takushī
taxichauffeur (de)	タクシーの運転手	takushī no unten shu
met de taxi (bw)	タクシーで	takushī de
taxistandplaats (de)	タクシー乗り場	takushī noriba
een taxi bestellen	タクシーを呼ぶ	takushī wo yobu
een taxi nemen	タクシーに乗る	takushī ni noru
verkeer (het)	交通	kōtsū
file (de)	渋滞	jūtai
spitsuur (het)	ラッシュアワー	rasshuawā
parkeren (on.ww.)	駐車する	chūsha suru
parkeren (ov.ww.)	駐車する	chūsha suru
parking (de)	駐車場	chūsha jō
metro (de)	地下鉄	chikatetsu
halte (bijv. kleine treinhalte)	駅	eki
de metro nemen	地下鉄で行く	chikatetsu de iku
trein (de)	列車	ressha
station (treinstation)	鉄道駅	tetsudō eki

28. Stad. Het leven in de stad

stad (de)	市、町	shi, machi
hoofdstad (de)	首都	shuto
dorp (het)	村	mura
plattegrond (de)	市街地図	shigai chizu
centrum (ov. een stad)	中心街	chūshin gai
voorstad (de)	郊外	kōgai
voorstads- (abn)	郊外の	kōgai no
randgemeente (de)	町外れ	machihazure
omgeving (de)	近郊	kinkō
blok (huizenblok)	街区	gaiku
woonwijk (de)	住宅街	jūtaku gai
verkeer (het)	交通	kōtsū
verkeerslicht (het)	信号	shingō
openbaar vervoer (het)	公共交通機関	kōkyō kōtsū kikan
kruispunt (het)	交差点	kōsaten
zebrapad (oversteekplaats)	横断歩道	ōdan hodō
onderdoorgang (de)	地下道	chikadō
oversteken (de straat ~)	横断する	ōdan suru
voetganger (de)	歩行者	hokō sha
trottoir (het)	歩道	hodō
brug (de)	橋	hashi
dijk (de)	堤防	teibō
fontein (de)	噴水	funsui
allee (de)	散歩道	sanpomichi
park (het)	公園	kōen
boulevard (de)	大通り	ōdōri
plein (het)	広場	hiroba
laan (de)	アヴェニュー	avenyū
straat (de)	通り	tōri
zijstraat (de)	わき道［脇道］	wakimichi
doodlopende straat (de)	行き止まり	ikidomari
huis (het)	家屋	kaoku
gebouw (het)	建物	tatemono
wolkenkrabber (de)	摩天楼	matenrō
gevel (de)	ファサード	fasādo
dak (het)	屋根	yane
venster (het)	窓	mado
boog (de)	アーチ	āchi
pilaar (de)	柱	hashira
hoek (ov. een gebouw)	角	kado
vitrine (de)	ショーウインドー	shōuindō
gevelreclame (de)	店看板	mise kanban
affiche (de/het)	ポスター	posutā
reclameposter (de)	広告ポスター	kōkoku posutā

aanplakbord (het)	広告掲示板	kōkoku keijiban
vuilnis (de/het)	ゴミ [ごみ]	gomi
vuilnisbak (de)	ゴミ入れ	gomi ire
afval weggooien (ww)	ゴミを投げ捨てる	gomi wo nagesuteru
stortplaats (de)	ゴミ捨て場	gomi suteba

telefooncel (de)	電話ボックス	denwa bokkusu
straatlicht (het)	街灯柱	gaitō bashira
bank (de)	ベンチ	benchi

politieagent (de)	警官	keikan
politie (de)	警察	keisatsu
zwerver (de)	こじき	kojiki
dakloze (de)	ホームレス	hōmuresu

29. Stedelijke instellingen

winkel (de)	店、…屋	mise, …ya
apotheek (de)	薬局	yakkyoku
optiek (de)	眼鏡店	megane ten
winkelcentrum (het)	ショッピングモール	shoppingu mōru
supermarkt (de)	スーパーマーケット	sūpāmāketto

bakkerij (de)	パン屋	panya
bakker (de)	パン職人	pan shokunin
banketbakkerij (de)	菓子店	kashi ten
kruidenier (de)	食料品店	shokuryō hin ten
slagerij (de)	肉屋	nikuya

| groentewinkel (de) | 八百屋 | yaoya |
| markt (de) | 市場 | ichiba |

koffiehuis (het)	喫茶店	kissaten
restaurant (het)	レストラン	resutoran
bar (de)	パブ	pabu
pizzeria (de)	ピザ屋	piza ya

kapperssalon (de/het)	美容院	biyō in
postkantoor (het)	郵便局	yūbin kyoku
stomerij (de)	クリーニング屋	kurīningu ya
fotostudio (de)	写真館	shashin kan

schoenwinkel (de)	靴屋	kutsuya
boekhandel (de)	本屋	honya
sportwinkel (de)	スポーツ店	supōtsu ten

kledingreparatie (de)	洋服直し専門店	yōfuku naoshi senmon ten
kledingverhuur (de)	貸衣裳店	kashi ishō ten
videotheek (de)	レンタルビデオ店	rentarubideo ten

circus (de/het)	サーカス	sākasu
dierentuin (de)	動物園	dōbutsu en
bioscoop (de)	映画館	eiga kan
museum (het)	博物館	hakubutsukan

bibliotheek (de)	図書館	toshokan
theater (het)	劇場	gekijō
opera (de)	オペラハウス	opera hausu
nachtclub (de)	ナイトクラブ	naito kurabu
casino (het)	カジノ	kajino

moskee (de)	モスク	mosuku
synagoge (de)	シナゴーグ	shinagōgu
kathedraal (de)	大聖堂	dai seidō
tempel (de)	寺院	jīn
kerk (de)	教会	kyōkai

instituut (het)	大学	daigaku
universiteit (de)	大学	daigaku
school (de)	学校	gakkō

gemeentehuis (het)	県庁舎	ken chōsha
stadhuis (het)	市役所	shiyaku sho
hotel (het)	ホテル	hoteru
bank (de)	銀行	ginkō

ambassade (de)	大使館	taishikan
reisbureau (het)	旅行代理店	ryokō dairi ten
informatieloket (het)	案内所	annai sho
wisselkantoor (het)	両替所	ryōgae sho

| metro (de) | 地下鉄 | chikatetsu |
| ziekenhuis (het) | 病院 | byōin |

| benzinestation (het) | ガソリンスタンド | gasorin sutando |
| parking (de) | 駐車場 | chūsha jō |

30. Borden

gevelreclame (de)	店看板	mise kanban
opschrift (het)	看板	kanban
poster (de)	ポスター	posutā
wegwijzer (de)	方向看板	hōkō kanban
pijl (de)	矢印	yajirushi

waarschuwing (verwittiging)	注意	chūi
waarschuwingsbord (het)	警告表示	keikoku hyōji
waarschuwen (ww)	警告する	keikoku suru

vrije dag (de)	定休日	teikyū bi
dienstregeling (de)	営業時間の看板	eigyō jikan no kanban
openingsuren (mv.)	営業時間	eigyō jikan

WELKOM!	ようこそ	yōkoso
INGANG	入口	iriguchi
UITGANG	出口	deguchi

| DUWEN | 押す | osu |
| TREKKEN | 引く | hiku |

| OPEN | 営業中 | eigyō chū |
| GESLOTEN | 休業日 | kyūgyōbi |

| DAMES | 女性 | josei |
| HEREN | 男性 | dansei |

KORTING	割引	waribiki
UITVERKOOP	バーゲンセール	bāgen sēru
NIEUW!	新発売！	shin hatsubai!
GRATIS	無料	muryō

PAS OP!	ご注意！	go chūi!
VOLGEBOEKT	満室	manshitsu
GERESERVEERD	御予約席	go yoyaku seki

| ADMINISTRATIE | 支配人 | shihainin |
| ALLEEN VOOR PERSONEEL | 関係者以外立入禁止 | kankei sha igai tachīrikinshi |

GEVAARLIJKE HOND	猛犬注意	mōken chūi
VERBODEN TE ROKEN!	禁煙	kinen
NIET AANRAKEN!	手を触れるな	te wo fureru na

GEVAARLIJK	危険	kiken
GEVAAR	危険	kiken
HOOGSPANNING	高電圧	kō denatsu
VERBODEN TE ZWEMMEN	水泳禁止	suiei kinshi
BUITEN GEBRUIK	故障中	koshō chū

ONTVLAMBAAR	可燃性物質	kanen sei busshitsu
VERBODEN	禁止	kinshi
DOORGANG VERBODEN	通り抜け禁止	tōrinuke kinshi
OPGELET PAS GEVERFD	ペンキ塗りたて	penki nuritate

31. Winkelen

kopen (ww)	買う	kau
aankoop (de)	買い物	kaimono
winkelen (ww)	買い物に行く	kaimono ni iku
winkelen (het)	ショッピング	shoppingu

| open zijn (ov. een winkel, enz.) | 開いている | hiraite iru |
| gesloten zijn (ww) | 閉まっている | shimatte iru |

schoeisel (het)	履物	hakimono
kleren (mv.)	洋服	yōfuku
cosmetica (de)	化粧品	keshō hin
voedingswaren (mv.)	食料品	shokuryō hin
geschenk (het)	土産	miyage

verkoper (de)	店員、売り子	tenin, uriko
verkoopster (de)	店員、売り子	tenin, uriko
kassa (de)	レジ	reji

spiegel (de)	鏡	kagami
toonbank (de)	カウンター	kauntā
paskamer (de)	試着室	shichaku shitsu
aanpassen (ww)	試着する	shichaku suru
passen (ov. kleren)	合う	au
bevallen (prettig vinden)	好む	konomu
prijs (de)	価格	kakaku
prijskaartje (het)	値札	nefuda
kosten (ww)	かかる	kakaru
Hoeveel?	いくら？	ikura ?
korting (de)	割引	waribiki
niet duur (bn)	安価な	anka na
goedkoop (bn)	安い	yasui
duur (bn)	高い	takai
Dat is duur.	それは高い	sore wa takai
verhuur (de)	レンタル	rentaru
huren (smoking, enz.)	レンタルする	rentaru suru
krediet (het)	信用取引	shinyō torihiki
op krediet (bw)	付けで	tsuke de

KLEDING EN ACCESSOIRES

32. Bovenkleding. Jassen

kleren (mv.), kleding (de)	洋服	yōfuku
bovenkleding (de)	上着	uwagi
winterkleding (de)	冬服	fuyu fuku
jas (de)	オーバーコート	ōbā kōto
bontjas (de)	毛皮のコート	kegawa no kōto
bontjasje (het)	毛皮のジャケット	kegawa no jaketto
donzen jas (de)	ダウンコート	daun kōto
jasje (bijv. een leren ~)	ジャケット	jaketto
regenjas (de)	レインコート	reinkōto
waterdicht (bn)	防水の	bōsui no

33. Heren & dames kleding

overhemd (het)	ワイシャツ	waishatsu
broek (de)	ズボン	zubon
jeans (de)	ジーンズ	jīnzu
colbert (de)	ジャケット	jaketto
kostuum (het)	背広	sebiro
jurk (de)	ドレス	doresu
rok (de)	スカート	sukāto
blouse (de)	ブラウス	burausu
wollen vest (de)	ニットジャケット	nitto jaketto
blazer (kort jasje)	ジャケット	jaketto
T-shirt (het)	Tシャツ	tīshatsu
shorts (mv.)	半ズボン	han zubon
trainingspak (het)	トラックスーツ	torakku sūtsu
badjas (de)	バスローブ	basurōbu
pyjama (de)	パジャマ	pajama
sweater (de)	セーター	sētā
pullover (de)	プルオーバー	puruōbā
gilet (het)	ベスト	besuto
rokkostuum (het)	燕尾服	enbifuku
smoking (de)	タキシード	takishīdo
uniform (het)	制服	seifuku
werkkleding (de)	作業服	sagyō fuku
overall (de)	オーバーオール	ōbā ōru
doktersjas (de)	コート	kōto

34. Kleding. Ondergoed

ondergoed (het)	下着	shitagi
herenslip (de)	ボクサーパンツ	bokusā pantsu
slipjes (mv.)	パンティー	pantī
onderhemd (het)	タンクトップ	tanku toppu
sokken (mv.)	靴下	kutsushita
nachthemd (het)	ネグリジェ	negurije
beha (de)	ブラジャー	burajā
kniekousen (mv.)	ニーソックス	nīsokkusu
panty (de)	パンティストッキング	pantī sutokkingu
nylonkousen (mv.)	ストッキング	sutokkingu
badpak (het)	水着	mizugi

35. Hoofddeksels

hoed (de)	帽子	bōshi
deukhoed (de)	フェドーラ帽	fedōra bō
honkbalpet (de)	野球帽	yakyū bō
kleppet (de)	ハンチング帽	hanchingu bō
baret (de)	ベレー帽	berē bō
kap (de)	フード	fūdo
panamahoed (de)	パナマ帽	panama bō
gebreide muts (de)	ニット帽	nitto bō
hoofddoek (de)	ヘッドスカーフ	heddo sukāfu
dameshoed (de)	婦人帽子	fujin bōshi
veiligheidshelm (de)	安全ヘルメット	anzen herumetto
veldmuts (de)	略帽	rya ku bō
helm, valhelm (de)	ヘルメット	herumetto
bolhoed (de)	山高帽	yamataka bō
hoge hoed (de)	シルクハット	shiruku hatto

36. Schoeisel

schoeisel (het)	靴	kutsu
schoenen (mv.)	アンクルブーツ	ankuru būtsu
vrouwenschoenen (mv.)	パンプス	panpusu
laarzen (mv.)	ブーツ	būtsu
pantoffels (mv.)	スリッパ	surippa
sportschoenen (mv.)	テニスシューズ	tenisu shūzu
sneakers (mv.)	スニーカー	sunīkā
sandalen (mv.)	サンダル	sandaru
schoenlapper (de)	靴修理屋	kutsu shūri ya
hiel (de)	かかと [踵]	kakato

paar (een ~ schoenen)	靴一足	kutsu issoku
veter (de)	靴ひも	kutsu himo
rijgen (schoenen ~)	靴ひもを結ぶ	kutsu himo wo musubu
schoenlepel (de)	靴べら	kutsubera
schoensmeer (de/het)	靴クリーム	kutsu kurīmu

37. Persoonlijke accessoires

handschoenen (mv.)	手袋	tebukuro
wanten (mv.)	ミトン	miton
sjaal (fleece ~)	マフラー	mafurā
bril (de)	めがね [眼鏡]	megane
brilmontuur (het)	めがねのふち	megane no fuchi
paraplu (de)	傘	kasa
wandelstok (de)	杖	tsue
haarborstel (de)	ヘアブラシ	hea burashi
waaier (de)	扇子	sensu
das (de)	ネクタイ	nekutai
strikje (het)	蝶ネクタイ	chō nekutai
bretels (mv.)	サスペンダー	sasupendā
zakdoek (de)	ハンカチ	hankachi
kam (de)	くし [櫛]	kushi
haarspeldje (het)	髪留め	kami tome
schuifspeldje (het)	ヘアピン	hea pin
gesp (de)	バックル	bakkuru
broekriem (de)	ベルト	beruto
draagriem (de)	ショルダーベルト	shorudā beruto
handtas (de)	バッグ	baggu
damestas (de)	ハンドバッグ	hando baggu
rugzak (de)	バックパック	bakku pakku

38. Kleding. Diversen

mode (de)	ファッション	fasshon
de mode (bn)	流行の	ryūkō no
kledingstilist (de)	ファッションデザイナー	fasshon dezainā
kraag (de)	襟	eri
zak (de)	ポケット	poketto
zak- (abn)	ポケットの	poketto no
mouw (de)	袖	sode
lusje (het)	ハンガーループ	hangā rūpu
gulp (de)	ズボンのファスナー	zubon no fasunā
rits (de)	チャック	chakku
sluiting (de)	ファスナー	fasunā
knoop (de)	ボタン	botan

knoopsgat (het)	ボタンの穴	botan no ana
losraken (bijv. knopen)	取れる	toreru
naaien (kleren, enz.)	縫う	nū
borduren (ww)	刺繍する	shishū suru
borduursel (het)	刺繍	shishū
naald (de)	縫い針	nui bari
draad (de)	糸	ito
naad (de)	縫い目	nuime
vies worden (ww)	汚れる	yogoreru
vlek (de)	染み	shimi
gekreukt raken (ov. kleren)	しわになる	shiwa ni naru
scheuren (ov.ww.)	引き裂く	hikisaku
mot (de)	コイガ	koi ga

39. Persoonlijke verzorging. Schoonheidsmiddelen

tandpasta (de)	歯磨き粉	hamigakiko
tandenborstel (de)	歯ブラシ	haburashi
tanden poetsen (ww)	歯を磨く	ha wo migaku
scheermes (het)	カミソリ［剃刀］	kamisori
scheerschuim (het)	シェービングクリーム	shēbingu kurīmu
zich scheren (ww)	ひげを剃る	hige wo soru
zeep (de)	せっけん［石鹸］	sekken
shampoo (de)	シャンプー	shanpū
schaar (de)	はさみ	hasami
nagelvijl (de)	爪やすり	tsume yasuri
nagelknipper (de)	爪切り	tsume giri
pincet (het)	ピンセット	pinsetto
cosmetica (de)	化粧品	keshō hin
masker (het)	フェイスパック	feisu pakku
manicure (de)	マニキュア	manikyua
manicure doen	マニキュアをしてもらう	manikyua wo shi te morau
pedicure (de)	ペディキュア	pedikyua
cosmetica tasje (het)	化粧ポーチ	keshō pōchi
poeder (de/het)	フェイスパウダー	feisu pauda
poederdoos (de)	ファンデーション	fandēshon
rouge (de)	チーク	chīku
parfum (de/het)	香水	kōsui
eau de toilet (de)	オードトワレ	ōdotoware
lotion (de)	ローション	rō shon
eau de cologne (de)	オーデコロン	ōdekoron
oogschaduw (de)	アイシャドウ	aishadō
oogpotlood (het)	アイライナー	airainā
mascara (de)	マスカラ	masukara
lippenstift (de)	口紅	kuchibeni

nagellak (de)	ネイルポリッシュ	neiru porisshu
haarlak (de)	ヘアスプレー	hea supurē
deodorant (de)	デオドラント	deodoranto
crème (de)	クリーム	kurīmu
gezichtscrème (de)	フェイスクリーム	feisu kurīmu
handcrème (de)	ハンドクリーム	hando kurīmu
antirimpelcrème (de)	しわ取りクリーム	shiwa tori kurīmu
dagcrème (de)	昼用クリーム	hiruyō kurīmu
nachtcrème (de)	夜用クリーム	yoruyō kurīmu
dag- (abn)	昼用…	hiruyō …
nacht- (abn)	夜用…	yoruyō …
tampon (de)	タンポン	tanpon
toiletpapier (het)	トイレットペーパー	toiretto pēpā
föhn (de)	ヘアドライヤー	hea doraiyā

40. Horloges. Klokken

polshorloge (het)	時計	tokei
wijzerplaat (de)	ダイヤル	daiyaru
wijzer (de)	針	hari
metalen horlogeband (de)	金属ベルト	kinzoku beruto
horlogebandje (het)	腕時計バンド	udedokei bando
batterij (de)	電池	denchi
leeg zijn (ww)	切れる	kireru
batterij vervangen	電池を交換する	denchi wo kōkan suru
voorlopen (ww)	進んでいる	susundeiru
achterlopen (ww)	遅れている	okureteiru
wandklok (de)	掛け時計	kakedokei
zandloper (de)	砂時計	sunadokei
zonnewijzer (de)	日時計	hidokei
wekker (de)	目覚まし時計	mezamashi dokei
horlogemaker (de)	時計職人	tokei shokunin
repareren (ww)	修理する	shūri suru

ALLEDAAGSE ERVARING

41. Geld

geld (het)	お金	okane
ruil (de)	両替	ryōgae
koers (de)	為替レート	kawase rēto
geldautomaat (de)	ATM	ētīemu
muntstuk (de)	コイン	koin
dollar (de)	ドル	doru
euro (de)	ユーロ	yūro
lire (de)	リラ	rira
Duitse mark (de)	ドイツマルク	doitsu maruku
frank (de)	フラン	furan
pond sterling (het)	スターリング・ポンド	sutāringu pondo
yen (de)	円	en
schuld (geldbedrag)	債務	saimu
schuldenaar (de)	債務者	saimu sha
uitlenen (ww)	貸す	kasu
lenen (geld ~)	借りる	kariru
bank (de)	銀行	ginkō
bankrekening (de)	口座	kōza
storten (ww)	預金する	yokin suru
op rekening storten	口座に預金する	kōza ni yokin suru
opnemen (ww)	引き出す	hikidasu
kredietkaart (de)	クレジットカード	kurejitto kādo
baar geld (het)	現金	genkin
cheque (de)	小切手	kogitte
een cheque uitschrijven	小切手を書く	kogitte wo kaku
chequeboekje (het)	小切手帳	kogitte chō
portefeuille (de)	財布	saifu
geldbeugel (de)	小銭入れ	kozeni ire
portemonnee (de)	札入れ	satsu ire
safe (de)	金庫	kinko
erfgenaam (de)	相続人	sōzokunin
erfenis (de)	相続	sōzoku
fortuin (het)	財産	zaisan
huur (de)	賃貸	chintai
huurprijs (de)	家賃	yachin
huren (huis, kamer)	借りる	kariru
prijs (de)	価格	kakaku
kostprijs (de)	費用	hiyō

som (de)	合計金額	gōkei kingaku
uitgeven (geld besteden)	お金を使う	okane wo tsukau
kosten (mv.)	出費	shuppi
bezuinigen (ww)	倹約する	kenyaku suru
zuinig (bn)	節約の	setsuyaku no
betalen (ww)	払う	harau
betaling (de)	支払い	shiharai
wisselgeld (het)	おつり	o tsuri
belasting (de)	税	zei
boete (de)	罰金	bakkin
beboeten (bekeuren)	罰金を科す	bakkin wo kasu

42. Post. Postkantoor

postkantoor (het)	郵便局	yūbin kyoku
post (de)	郵便物	yūbin butsu
postbode (de)	郵便配達人	yūbin haitatsu jin
openingsuren (mv.)	営業時間	eigyō jikan
brief (de)	手紙	tegami
aangetekende brief (de)	書留郵便	kakitome yūbin
briefkaart (de)	はがき［葉書］	hagaki
telegram (het)	電報	denpō
postpakket (het)	小包	kozutsumi
overschrijving (de)	送金	sōkin
ontvangen (ww)	受け取る	uketoru
sturen (zenden)	送る	okuru
verzending (de)	送信	sōshin
adres (het)	住所	jūsho
postcode (de)	郵便番号	yūbin bangō
verzender (de)	送り主	okurinushi
ontvanger (de)	受取人	uketorinin
naam (de)	名前	namae
achternaam (de)	姓	sei
tarief (het)	郵便料金	yūbin ryōkin
standaard (bn)	通常の	tsūjō no
zuinig (bn)	エコノミー航空	ekonomīkōkū
gewicht (het)	重さ	omo sa
afwegen (op de weegschaal)	量る	hakaru
envelop (de)	封筒	fūtō
postzegel (de)	郵便切手	yūbin kitte
een postzegel plakken op	封筒に切手を貼る	fūtō ni kitte wo haru

43. Bankieren

bank (de)	銀行	ginkō
bankfiliaal (het)	支店	shiten

bankbediende (de)	銀行員	ginkōin
manager (de)	長	chō
bankrekening (de)	口座	kōza
rekeningnummer (het)	口座番号	kōza bangō
lopende rekening (de)	当座預金口座	tōza yokin kōza
spaarrekening (de)	貯蓄預金口座	chochiku yokin kōza
een rekening openen	口座を開く	kōza wo hiraku
de rekening sluiten	口座を解約する	kōza wo kaiyaku suru
op rekening storten	口座に預金する	kōza ni yokin suru
opnemen (ww)	引き出す	hikidasu
storting (de)	預金	yokin
een storting maken	預金する	yokin suru
overschrijving (de)	送金	sōkin
een overschrijving maken	送金する	sōkin suru
som (de)	合計金額	gōkei kingaku
Hoeveel?	いくら？	ikura ?
handtekening (de)	署名	shomei
ondertekenen (ww)	署名する	shomei suru
kredietkaart (de)	クレジットカード	kurejitto kādo
code (de)	コード	kōdo
kredietkaartnummer (het)	クレジットカード番号	kurejitto kādo bangō
geldautomaat (de)	ATM	ētīemu
cheque (de)	小切手	kogitte
een cheque uitschrijven	小切手を書く	kogitte wo kaku
chequeboekje (het)	小切手帳	kogitte chō
lening, krediet (de)	融資	yūshi
een lening aanvragen	融資を申し込む	yūshi wo mōshikomu
een lening nemen	融資を受ける	yūshi wo ukeru
een lening verlenen	融資を行う	yūshi wo okonau
garantie (de)	保障	hoshō

44. Telefoon. Telefoongesprek

telefoon (de)	電話	denwa
mobieltje (het)	携帯電話	keitai denwa
antwoordapparaat (het)	留守番電話	rusuban denwa
bellen (ww)	電話する	denwa suru
belletje (telefoontje)	電話	denwa
een nummer draaien	電話番号をダイアルする	denwa bangō wo daiaru suru
Hallo!	もしもし	moshimoshi
vragen (ww)	問う	tō
antwoorden (ww)	出る	deru
horen (ww)	聞く	kiku
goed (bw)	良く	yoku

| slecht (bw) | 良くない | yoku nai |
| storingen (mv.) | 電波障害 | denpa shōgai |

hoorn (de)	受話器	juwaki
opnemen (ww)	電話に出る	denwa ni deru
ophangen (ww)	電話を切る	denwa wo kiru

bezet (bn)	話し中	hanashi chū
overgaan (ww)	鳴る	naru
telefoonboek (het)	電話帳	denwa chō

lokaal (bn)	市内の	shinai no
lokaal gesprek (het)	市内電話	shinai denwa
interlokaal (bn)	市外の	shigai no
interlokaal gesprek (het)	市外電話	shigai denwa
buitenlands (bn)	国際の	kokusai no
buitenlands gesprek (het)	国際電話	kokusai denwa

45. Mobiele telefoon

mobieltje (het)	携帯電話	keitai denwa
scherm (het)	ディスプレイ	disupurei
toets, knop (de)	ボタン	botan
simkaart (de)	SIMカード	shimu kādo

batterij (de)	電池	denchi
leeg zijn (ww)	切れる	kireru
acculader (de)	充電器	jūden ki

menu (het)	メニュー	menyū
instellingen (mv.)	設定	settei
melodie (beltoon)	メロディー	merodī
selecteren (ww)	選択する	sentaku suru

rekenmachine (de)	電卓	dentaku
voicemail (de)	ボイスメール	boisu mēru
wekker (de)	目覚まし	mezamashi
contacten (mv.)	連絡先	renraku saki

| SMS-bericht (het) | テキストメッセージ | tekisuto messēji |
| abonnee (de) | 加入者 | kanyū sha |

46. Schrijfbehoeften

| balpen (de) | ボールペン | bōrupen |
| vulpen (de) | 万年筆 | mannenhitsu |

potlood (het)	鉛筆	enpitsu
marker (de)	蛍光ペン	keikō pen
viltstift (de)	フェルトペン	feruto pen
notitieboekje (het)	メモ帳	memo chō
agenda (boekje)	手帳	techō

liniaal (de/het)	定規	jōgi
rekenmachine (de)	電卓	dentaku
gom (de)	消しゴム	keshigomu
punaise (de)	画鋲	gabyō
paperclip (de)	ゼムクリップ	zemu kurippu
lijm (de)	糊	nori
nietmachine (de)	ホッチキス	hocchikisu
perforator (de)	パンチ	panchi
potloodslijper (de)	鉛筆削り	enpitsu kezuri

47. Vreemde talen

taal (de)	言語	gengo
vreemd (bn)	外国の	gaikoku no
vreemde taal (de)	外国語	gaikoku go
leren (bijv. van buiten ~)	勉強する	benkyō suru
studeren (Nederlands ~)	学ぶ	manabu
lezen (ww)	読む	yomu
spreken (ww)	話す	hanasu
begrijpen (ww)	理解する	rikai suru
schrijven (ww)	書く	kaku
snel (bw)	速く	hayaku
langzaam (bw)	ゆっくり	yukkuri
vloeiend (bw)	流ちょうに	ryūchō ni
regels (mv.)	規則	kisoku
grammatica (de)	文法	bunpō
vocabulaire (het)	語彙	goi
fonetiek (de)	音声学	onseigaku
leerboek (het)	教科書	kyōkasho
woordenboek (het)	辞書	jisho
leerboek (het) voor zelfstudie	独習書	dokushū sho
taalgids (de)	慣用表現集	kanyō hyōgen shū
cassette (de)	カセットテープ	kasettotēpu
videocassette (de)	ビデオテープ	bideotēpu
CD (de)	CD（シーディー）	shīdī
DVD (de)	DVD［ディーブイディー］	dībuidī
alfabet (het)	アルファベット	arufabetto
spellen (ww)	スペリングを言う	superingu wo iu
uitspraak (de)	発音	hatsuon
accent (het)	なまり［訛り］	namari
met een accent (bw)	訛りのある	namari no aru
zonder accent (bw)	訛りのない	namari no nai
woord (het)	単語	tango
betekenis (de)	意味	imi
cursus (de)	講座	kōza

zich inschrijven (ww)	申し込む	mōshikomu
leraar (de)	先生	sensei
vertaling (een ~ maken)	翻訳	honyaku
vertaling (tekst)	訳文	yakubun
vertaler (de)	翻訳者	honyaku sha
tolk (de)	通訳者	tsūyaku sha
polyglot (de)	ポリグロット	porigurotto
geheugen (het)	記憶	kioku

MAALTIJDEN. RESTAURANT

48. Tafelschikking

lepel (de)	スプーン	supūn
mes (het)	ナイフ	naifu
vork (de)	フォーク	fōku
kopje (het)	カップ	kappu
bord (het)	皿	sara
schoteltje (het)	ソーサー	sōsā
servet (het)	ナフキン	nafukin
tandenstoker (de)	つまようじ [爪楊枝]	tsumayōji

49. Restaurant

restaurant (het)	レストラン	resutoran
koffiehuis (het)	喫茶店	kissaten
bar (de)	パブ、バー	pabu, bā
tearoom (de)	喫茶店	kissaten
kelner, ober (de)	ウェイター	weitā
serveerster (de)	ウェートレス	wētoresu
barman (de)	バーテンダー	bātendā
menu (het)	メニュー	menyū
wijnkaart (de)	ワインリスト	wain risuto
een tafel reserveren	テーブルを予約する	tēburu wo yoyaku suru
gerecht (het)	料理	ryōri
bestellen (eten ~)	注文する	chūmon suru
een bestelling maken	注文する	chūmon suru
aperitief (de/het)	アペリティフ	aperitifu
voorgerecht (het)	前菜	zensai
dessert (het)	デザート	dezāto
rekening (de)	お勘定	okanjō
de rekening betalen	勘定を払う	kanjō wo harau
wisselgeld teruggeven	釣り銭を渡す	tsurisen wo watasu
fooi (de)	チップ	chippu

50. Maaltijden

eten (het)	食べ物	tabemono
eten (ww)	食べる	taberu

ontbijt (het)	朝食	chōshoku
ontbijten (ww)	朝食をとる	chōshoku wo toru
lunch (de)	昼食	chūshoku
lunchen (ww)	昼食をとる	chūshoku wo toru
avondeten (het)	夕食	yūshoku
souperen (ww)	夕食をとる	yūshoku wo toru
eetlust (de)	食欲	shokuyoku
Eet smakelijk!	どうぞお召し上がり下さい！	dōzo o meshiagarikudasai!
openen (een fles ~)	開ける	akeru
morsen (koffie, enz.)	こぼす	kobosu
zijn gemorst	こぼれる	koboreru
koken (water kookt bij 100°C)	沸く	waku
koken (Hoe om water te ~)	沸かす	wakasu
gekookt (~ water)	沸騰させた	futtō sase ta
afkoelen (koeler maken)	冷やす	hiyasu
afkoelen (koeler worden)	冷える	hieru
smaak (de)	味	aji
nasmaak (de)	後味	atoaji
volgen een dieet	ダイエットをする	daietto wo suru
dieet (het)	ダイエット	daietto
vitamine (de)	ビタミン	bitamin
calorie (de)	カロリー	karorī
vegetariër (de)	ベジタリアン	bejitarian
vegetarisch (bn)	ベジタリアン用の	bejitarian yōno
vetten (mv.)	脂肪	shibō
eiwitten (mv.)	タンパク質［蛋白質］	tanpaku shitsu
koolhydraten (mv.)	炭水化物	tansuikabutsu
snede (de)	スライス	suraisu
stuk (bijv. een ~ taart)	一切れ	ichi kire
kruimel (de)	くず	kuzu

51. Bereide gerechten

gerecht (het)	料理	ryōri
keuken (bijv. Franse ~)	料理	ryōri
recept (het)	レシピ	reshipi
portie (de)	一人前	ichi ninmae
salade (de)	サラダ	sarada
soep (de)	スープ	sūpu
bouillon (de)	ブイヨン	buiyon
boterham (de)	サンドイッチ	sandoicchi
spiegelei (het)	目玉焼き	medamayaki
hamburger (de)	クロケット	kuroketto
hamburger (de)	ハンバーガー	hanbāgā
biefstuk (de)	ビーフステーキ	bīfusutēki

hutspot (de)	シチュー	shichū
garnering (de)	付け合わせ	tsukeawase
spaghetti (de)	スパゲッティ	supagetti
aardappelpuree (de)	マッシュポテト	masshupoteto
pizza (de)	ピザ	piza
pap (de)	ポリッジ	porijji
omelet (de)	オムレツ	omuretsu

gekookt (in water)	煮た	ni ta
gerookt (bn)	薫製の	kunsei no
gebakken (bn)	揚げた	age ta
gedroogd (bn)	干した	hoshi ta
diepvries (bn)	冷凍の	reitō no
gemarineerd (bn)	酢漬けの	suzuke no

zoet (bn)	甘い	amai
gezouten (bn)	塩味の	shioaji no
koud (bn)	冷たい	tsumetai
heet (bn)	熱い	atsui
bitter (bn)	苦い	nigai
lekker (bn)	美味しい	oishī

koken (in kokend water)	水で煮る	mizu de niru
bereiden (avondmaaltijd ~)	料理をする	ryōri wo suru
bakken (ww)	揚げる	ageru
opwarmen (ww)	温める	atatameru

zouten (ww)	塩をかける	shio wo kakeru
peperen (ww)	コショウをかける	koshō wo kakeru
raspen (ww)	すりおろす	suri orosu
schil (de)	皮	kawa
schillen (ww)	皮をむく	kawa wo muku

52. Voedsel

vlees (het)	肉	niku
kip (de)	鶏	niwatori
kuiken (het)	若鶏	wakadori
eend (de)	ダック	dakku
gans (de)	ガチョウ	gachō
wild (het)	獲物	emono
kalkoen (de)	七面鳥	shichimenchuō

varkensvlees (het)	豚肉	buta niku
kalfsvlees (het)	子牛肉	kōshi niku
schapenvlees (het)	子羊肉	kohitsuji niku
rundvlees (het)	牛肉	gyū niku
konijnenvlees (het)	兎肉	usagi niku

worst (de)	ソーセージ	sōsēji
saucijs (de)	ソーセージ	sōsēji
spek (het)	ベーコン	bēkon
ham (de)	ハム	hamu
gerookte achterham (de)	ガモン	gamon

paté, pastei (de)	パテ	pate
lever (de)	レバー	rebā
varkensvet (het)	ラード	rādo
gehakt (het)	挽肉	hikiniku
tong (de)	タン	tan
ei (het)	卵	tamago
eieren (mv.)	卵	tamago
eiwit (het)	卵の白身	tamago no shiromi
eigeel (het)	卵の黄身	tamago no kimi
vis (de)	魚	sakana
zeevruchten (mv.)	魚介	gyokai
kaviaar (de)	キャビア	kyabia
krab (de)	カニ［蟹］	kani
garnaal (de)	エビ	ebi
oester (de)	カキ［牡蠣］	kaki
langoest (de)	伊勢エビ	ise ebi
octopus (de)	タコ	tako
inktvis (de)	イカ	ika
steur (de)	チョウザメ	chōzame
zalm (de)	サケ［鮭］	sake
heilbot (de)	ハリバット	haribatto
kabeljauw (de)	タラ［鱈］	tara
makreel (de)	サバ［鯖］	saba
tonijn (de)	マグロ［鮪］	maguro
paling (de)	ウナギ［鰻］	unagi
forel (de)	マス［鱒］	masu
sardine (de)	イワシ	iwashi
snoek (de)	カワカマス	kawakamasu
haring (de)	ニシン	nishin
brood (het)	パン	pan
kaas (de)	チーズ	chīzu
suiker (de)	砂糖	satō
zout (het)	塩	shio
rijst (de)	米	kome
pasta (de)	パスタ	pasuta
noedels (mv.)	麺	men
boter (de)	バター	batā
plantaardige olie (de)	植物油	shokubutsu yu
zonnebloemolie (de)	ひまわり油	himawari yu
margarine (de)	マーガリン	māgarin
olijven (mv.)	オリーブ	orību
olijfolie (de)	オリーブ油	orību yu
melk (de)	乳、ミルク	nyū, miruku
gecondenseerde melk (de)	練乳	rennyū
yoghurt (de)	ヨーグルト	yōguruto

zure room (de)	サワークリーム	sawā kurīmu
room (de)	クリーム	kurīmu
mayonaise (de)	マヨネーズ	mayonēzu
crème (de)	バタークリーム	batā kurīmu
graan (het)	穀物	kokumotsu
meel (het), bloem (de)	小麦粉	komugiko
conserven (mv.)	缶詰	kanzume
maïsvlokken (mv.)	コーンフレーク	kōn furēku
honing (de)	蜂蜜	hachimitsu
jam (de)	ジャム	jamu
kauwgom (de)	チューインガム	chūin gamu

53. Drankjes

water (het)	水	mizu
drinkwater (het)	飲用水	inyō sui
mineraalwater (het)	ミネラルウォーター	mineraru wōtā
zonder gas	無炭酸の	mu tansan no
koolzuurhoudend (bn)	炭酸の	tansan no
bruisend (bn)	発泡性の	happō sei no
IJs (het)	氷	kōri
met ijs	氷入りの	kōri iri no
alcohol vrij (bn)	ノンアルコールの	non arukŌru no
alcohol vrije drank (de)	炭酸飲料	tansan inryō
frisdrank (de)	清涼飲料水	seiryōinryōsui
limonade (de)	レモネード	remonēdo
alcoholische dranken (mv.)	アルコール	arukōru
wijn (de)	ワイン	wain
witte wijn (de)	白ワイン	shiro wain
rode wijn (de)	赤ワイン	aka wain
likeur (de)	リキュール	rikyūru
champagne (de)	シャンパン	shanpan
vermout (de)	ベルモット	berumotto
whisky (de)	ウイスキー	uisukī
wodka (de)	ウォッカ	wokka
gin (de)	ジン	jin
cognac (de)	コニャック	konyakku
rum (de)	ラム酒	ramu shu
koffie (de)	コーヒー	kōhī
zwarte koffie (de)	ブラックコーヒー	burakku kōhī
koffie (de) met melk	ミルク入りコーヒー	miruku iri kōhī
cappuccino (de)	カプチーノ	kapuchīno
oploskoffie (de)	インスタントコーヒー	insutanto kōhī
melk (de)	乳、ミルク	nyū, miruku
cocktail (de)	カクテル	kakuteru

milkshake (de)	ミルクセーキ	miruku sēki
sap (het)	ジュース	jūsu
tomatensap (het)	トマトジュース	tomato jūsu
sinaasappelsap (het)	オレンジジュース	orenji jūsu
vers geperst sap (het)	搾りたてのジュース	shibori tate no jūsu
bier (het)	ビール	bīru
licht bier (het)	ライトビール	raito bīru
donker bier (het)	黒ビール	kuro bīru
thee (de)	茶	cha
zwarte thee (de)	紅茶	kō cha
groene thee (de)	緑茶	ryoku cha

54. Groenten

groenten (mv.)	野菜	yasai
verse kruiden (mv.)	青物	aomono
tomaat (de)	トマト	tomato
augurk (de)	きゅうり [胡瓜]	kyūri
wortel (de)	ニンジン [人参]	ninjin
aardappel (de)	ジャガイモ	jagaimo
ui (de)	たまねぎ [玉葱]	tamanegi
knoflook (de)	ニンニク	ninniku
kool (de)	キャベツ	kyabetsu
bloemkool (de)	カリフラワー	karifurawā
spruitkool (de)	メキャベツ	mekyabetsu
broccoli (de)	ブロッコリー	burokkorī
rode biet (de)	テーブルビート	tēburu bīto
aubergine (de)	ナス	nasu
courgette (de)	ズッキーニ	zukkīni
pompoen (de)	カボチャ	kabocha
raap (de)	カブ	kabu
peterselie (de)	パセリ	paseri
dille (de)	ディル	diru
sla (de)	レタス	retasu
selderij (de)	セロリ	serori
asperge (de)	アスパラガス	asuparagasu
spinazie (de)	ホウレンソウ	hōrensō
erwt (de)	エンドウ	endō
bonen (mv.)	豆類	mamerui
maïs (de)	トウモロコシ	tōmorokoshi
boon (de)	金時豆	kintoki mame
peper (de)	コショウ	koshō
radijs (de)	ハツカダイコン	hatsukadaikon
artisjok (de)	アーティチョーク	ātichōku

55. Vruchten. Noten

vrucht (de)	果物	kudamono
appel (de)	リンゴ	ringo
peer (de)	洋梨	yōnashi
citroen (de)	レモン	remon
sinaasappel (de)	オレンジ	orenji
aardbei (de)	イチゴ（苺）	ichigo
mandarijn (de)	マンダリン	mandarin
pruim (de)	プラム	puramu
perzik (de)	モモ［桃］	momo
abrikoos (de)	アンズ［杏子］	anzu
framboos (de)	ラズベリー（木苺）	razuberī
ananas (de)	パイナップル	painappuru
banaan (de)	バナナ	banana
watermeloen (de)	スイカ	suika
druif (de)	ブドウ［葡萄］	budō
kers (de)	チェリー	cherī
zure kers (de)	サワー チェリー	sawā cherī
zoete kers (de)	スイート チェリー	suīto cherī
meloen (de)	メロン	meron
grapefruit (de)	グレープフルーツ	gurēbu furūtsu
avocado (de)	アボカド	abokado
papaja (de)	パパイヤ	papaiya
mango (de)	マンゴー	mangō
granaatappel (de)	ザクロ	zakuro
rode bes (de)	フサスグリ	fusa suguri
zwarte bes (de)	クロスグリ	kuro suguri
kruisbes (de)	セイヨウスグリ	seiyō suguri
bosbes (de)	ビルベリー	biruberī
braambes (de)	ブラックベリー	burakku berī
rozijn (de)	レーズン	rēzun
vijg (de)	イチジク	ichijiku
dadel (de)	デーツ	dētsu
pinda (de)	ピーナッツ	pīnattsu
amandel (de)	アーモンド	āmondo
walnoot (de)	クルミ（胡桃）	kurumi
hazelnoot (de)	ヘーゼルナッツ	hēzeru nattsu
kokosnoot (de)	ココナッツ	koko nattsu
pistaches (mv.)	ピスタチオ	pisutachio

56. Brood. Snoep

suikerbakkerij (de)	菓子類	kashi rui
brood (het)	パン	pan
koekje (het)	クッキー	kukkī
chocolade (de)	チョコレート	chokorēto

chocolade- (abn)	チョコレートの	chokorēto no
snoepje (het)	キャンディー	kyandī
cakeje (het)	ケーキ	kēki
taart (bijv. verjaardags~)	ケーキ	kēki

| pastei (de) | パイ | pai |
| vulling (de) | フィリング | firingu |

confituur (de)	ジャム	jamu
marmelade (de)	マーマレード	māmarēdo
wafel (de)	ワッフル	waffuru
IJsje (het)	アイスクリーム	aisukurīmu
pudding (de)	プディング	pudingu

57. Kruiden

zout (het)	塩	shio
gezouten (bn)	塩味の	shioaji no
zouten (ww)	塩をかける	shio wo kakeru

zwarte peper (de)	黒コショウ	kuro koshō
rode peper (de)	赤唐辛子	aka tōgarashi
mosterd (de)	マスタード	masutādo
mierikswortel (de)	セイヨウワサビ	seiyō wasabi

condiment (het)	調味料	chōmiryō
specerij , kruiderij (de)	香辛料	kōshinryō
saus (de)	ソース	sōsu
azijn (de)	酢、ビネガー	su, binegā

anijs (de)	アニス	anisu
basilicum (de)	バジル	bajiru
kruidnagel (de)	クローブ	kurōbu
gember (de)	生姜、ジンジャー	shōga, jinjā
koriander (de)	コリアンダー	koriandā
kaneel (de/het)	シナモン	shinamon

sesamzaad (het)	ゴマ［胡麻］	goma
laurierblad (het)	ローリエ	rōrie
paprika (de)	パプリカ	papurika
komijn (de)	キャラウェイ	kyarawei
saffraan (de)	サフラン	safuran

PERSOONLIJKE INFORMATIE. FAMILIE

58. Persoonlijke informatie. Formulieren

naam (de)	名前	namae
achternaam (de)	姓	sei
geboortedatum (de)	誕生日	tanjō bi
geboorteplaats (de)	出生地	shusseichi
nationaliteit (de)	国籍	kokuseki
woonplaats (de)	住所	jūsho
land (het)	国	kuni
beroep (het)	職業	shokugyō
geslacht (ov. het vrouwelijk ~)	性	sei
lengte (de)	身長	shinchō
gewicht (het)	体重	taijū

59. Familieleden. Verwanten

moeder (de)	母親	hahaoya
vader (de)	父親	chichioya
zoon (de)	息子	musuko
dochter (de)	娘	musume
jongste dochter (de)	下の娘	shitano musume
jongste zoon (de)	下の息子	shitano musuko
oudste dochter (de)	長女	chōjo
oudste zoon (de)	長男	chōnan
broer (de)	兄、弟、兄弟	ani, otōto, kyoōdai
oudere broer (de)	兄	ani
jongere broer (de)	弟	otōto
zuster (de)	姉、妹、姉妹	ane, imōto, shimai
oudere zuster (de)	姉	ane
jongere zuster (de)	妹	imōto
neef (zoon van oom/tante)	従兄弟	itoko
nicht (dochter van oom/tante)	従姉妹	itoko
mama (de)	お母さん	okāsan
papa (de)	お父さん	otōsan
ouders (mv.)	親	oya
kind (het)	子供	kodomo
kinderen (mv.)	子供	kodomo
oma (de)	祖母	sobo
opa (de)	祖父	sofu

kleinzoon (de)	孫息子	mago musuko
kleindochter (de)	孫娘	mago musume
kleinkinderen (mv.)	孫	mago

oom (de)	伯父	oji
tante (de)	伯母	oba
neef (zoon van broer/zus)	甥	oi
nicht (dochter van broer/zus)	姪	mei

schoonmoeder (de)	妻の母親	tsuma no hahaoya
schoonvader (de)	義父	gifu
schoonzoon (de)	娘の夫	musume no otto
stiefmoeder (de)	継母	keibo
stiefvader (de)	継父	keifu

zuigeling (de)	乳児	nyūji
wiegenkind (het)	赤ん坊	akanbō
kleuter (de)	子供	kodomo

vrouw (de)	妻	tsuma
man (de)	夫	otto
echtgenoot (de)	配偶者	haigū sha
echtgenote (de)	配偶者	haigū sha

gehuwd (mann.)	既婚の	kikon no
gehuwd (vrouw.)	既婚の	kikon no
ongehuwd (mann.)	独身の	dokushin no
vrijgezel (de)	独身男性	dokushin dansei
gescheiden (bn)	離婚した	rikon shi ta
weduwe (de)	未亡人	mibōjin
weduwnaar (de)	男やもめ	otokoyamome

familielid (het)	親戚	shinseki
dichte familielid (het)	近い親戚	chikai shinseki
verre familielid (het)	遠い親戚	tōi shinseki
familieleden (mv.)	親族	shinzoku

wees (de), weeskind (het)	孤児	koji
voogd (de)	後見人	kōkennin
adopteren (een jongen te ~)	養子にする	yōshi ni suru
adopteren (een meisje te ~)	養女にする	yōjo ni suru

60. Vrienden. Collega's

vriend (de)	友達	tomodachi
vriendin (de)	友達	tomodachi
vriendschap (de)	友情	yūjō
bevriend zijn (ww)	友達だ	tomodachi da

makker (de)	友達	tomodachi
vriendin (de)	女友達	onna tomodachi
partner (de)	パートナー	pātonā
chef (de)	長	chō
baas (de)	上司、上役	jōshi, uwayaku

eigenaar (de)	経営者	keieisha
ondergeschikte (de)	部下	buka
collega (de)	同僚	dōryō
kennis (de)	知り合い	shiriai
medereiziger (de)	同調者	dōchō sha
klasgenoot (de)	クラスメート	kurasumēto
buurman (de)	隣人、近所	rinjin, kinjo
buurvrouw (de)	隣人、近所	rinjin, kinjo
buren (mv.)	隣人	rinjin

MENSELIJK LICHAAM. GENEESKUNDE

61. Hoofd

hoofd (het)	頭	atama
gezicht (het)	顔	kao
neus (de)	鼻	hana
mond (de)	口	kuchi
oog (het)	眼	me
ogen (mv.)	両眼	ryōgan
pupil (de)	瞳	hitomi
wenkbrauw (de)	眉	mayu
wimper (de)	まつげ	matsuge
ooglid (het)	まぶた	mabuta
tong (de)	舌	shita
tand (de)	歯	ha
lippen (mv.)	唇	kuchibiru
jukbeenderen (mv.)	頬骨	hōbone
tandvlees (het)	歯茎	haguki
gehemelte (het)	口蓋	kōgai
neusgaten (mv.)	鼻孔	bikō
kin (de)	あご（頤）	ago
kaak (de)	顎	ago
wang (de)	頬	hō
voorhoofd (het)	額	hitai
slaap (de)	こめかみ	komekami
oor (het)	耳	mimi
achterhoofd (het)	後頭部	kōtōbu
hals (de)	首	kubi
keel (de)	喉	nodo
haren (mv.)	髪の毛	kaminoke
kapsel (het)	髪形	kamigata
haarsnit (de)	髪型	kamigata
pruik (de)	かつら	katsura
snor (de)	口ひげ	kuchihige
baard (de)	あごひげ	agohige
dragen (een baard, enz.)	生やしている	hayashi te iru
vlecht (de)	三つ編み	mitsu ami
bakkebaarden (mv.)	もみあげ	momiage
ros (roodachtig, rossig)	赤毛の	akage no
grijs (~ haar)	白髪の	hakuhatsu no
kaal (bn)	はげ頭の	hageatama no
kale plek (de)	はげた部分	hage ta bubun

| paardenstaart (de) | ポニーテール | ponītēru |
| pony (de) | 前髪 | maegami |

62. Menselijk lichaam

| hand (de) | 手 | te |
| arm (de) | 腕 | ude |

vinger (de)	指	yubi
teen (de)	つま先	tsumasaki
duim (de)	親指	oyayubi
pink (de)	小指	koyubi
nagel (de)	爪	tsume

vuist (de)	拳	kobushi
handpalm (de)	手のひら	tenohira
pols (de)	手首	tekubi
voorarm (de)	前腕	zen wan
elleboog (de)	肘	hiji
schouder (de)	肩	kata

been (rechter ~)	足 [脚]	ashi
voet (de)	足	ashi
knie (de)	膝	hiza
kuit (de)	ふくらはぎ	fuku ra hagi
heup (de)	腰	koshi
hiel (de)	かかと [踵]	kakato

lichaam (het)	身体	shintai
buik (de)	腹	hara
borst (de)	胸	mune
borst (de)	乳房	chibusa
zijde (de)	脇腹	wakibara
rug (de)	背中	senaka
lage rug (de)	腰背部	yōwa ibu
taille (de)	腰	koshi

navel (de)	へそ [臍]	heso
billen (mv.)	臀部	denbu
achterwerk (het)	尻	shiri

huidvlek (de)	美人ぼくろ	bijinbokuro
moedervlek (de)	母斑	bohan
tatoeage (de)	タトゥー	tatū
litteken (het)	傷跡	kizuato

63. Ziekten

ziekte (de)	病気	byōki
ziek zijn (ww)	病気になる	byōki ni naru
gezondheid (de)	健康	kenkō
snotneus (de)	鼻水	hanamizu

angina (de)	狭心症	kyōshinshō
verkoudheid (de)	風邪	kaze
verkouden raken (ww)	風邪をひく	kaze wo hiku

bronchitis (de)	気管支炎	kikanshien
longontsteking (de)	肺炎	haien
griep (de)	インフルエンザ	infuruenza

bijziend (bn)	近視の	kinshi no
verziend (bn)	遠視の	enshi no
scheelheid (de)	斜視	shashi
scheel (bn)	斜視の	shashi no
grauwe staar (de)	白内障	hakunaishō
glaucoom (het)	緑内障	ryokunaishō

beroerte (de)	脳卒中	nōsocchū
hartinfarct (het)	心臓発作	shinzō hossa
myocardiaal infarct (het)	心筋梗塞	shinkinkōsoku
verlamming (de)	まひ［麻痺］	mahi
verlammen (ww)	まひさせる	mahi saseru

allergie (de)	アレルギー	arerugī
astma (de/het)	ぜんそく［喘息］	zensoku
diabetes (de)	糖尿病	tōnyō byō

| tandpijn (de) | 歯痛 | shitsū |
| tandbederf (het) | カリエス | kariesu |

diarree (de)	下痢	geri
constipatie (de)	便秘	benpi
maagstoornis (de)	胃のむかつき	i no mukatsuki
voedselvergiftiging (de)	食中毒	shokuchūdoku
voedselvergiftiging oplopen	食中毒にかかる	shokuchūdoku ni kakaru

artritis (de)	関節炎	kansetsu en
rachitis (de)	くる病	kuru yamai
reuma (het)	リューマチ	ryūmachi
arteriosclerose (de)	アテローム性動脈硬化	ate rōmu sei dōmyaku kōka

gastritis (de)	胃炎	ien
blindedarmontsteking (de)	虫垂炎	chūsuien
galblaasontsteking (de)	胆嚢炎	tannō en
zweer (de)	潰瘍	kaiyō

mazelen (mv.)	麻疹	hashika
rodehond (de)	風疹	fūshin
geelzucht (de)	黄疸	ōdan
leverontsteking (de)	肝炎	kanen

schizofrenie (de)	統合失調症	tōgō shicchō shō
dolheid (de)	恐水病	kyōsuibyō
neurose (de)	神経症	shinkeishō
hersenschudding (de)	脳震とう（脳震盪）	nōshintō

| kanker (de) | がん［癌］ | gan |
| sclerose (de) | 硬化症 | kōka shō |

multiple sclerose (de)	多発性硬化症	tahatsu sei kōka shō
alcoholisme (het)	アルコール依存症	arukōru izon shō
alcoholicus (de)	アルコール依存症患者	arukōru izon shō kanja
syfilis (de)	梅毒	baidoku
AIDS (de)	エイズ	eizu
tumor (de)	腫瘍	shuyō
kwaadaardig (bn)	悪性の	akusei no
goedaardig (bn)	良性の	ryōsei no
koorts (de)	発熱	hatsunetsu
malaria (de)	マラリア	mararia
gangreen (het)	壊疽	eso
zeeziekte (de)	船酔い	fune yoi
epilepsie (de)	てんかん［癲癇］	tenkan
epidemie (de)	伝染病	densen byō
tyfus (de)	チフス	chifusu
tuberculose (de)	結核	kekkaku
cholera (de)	コレラ	korera
pest (de)	ペスト	pesuto

64. Symptomen. Behandelingen. Deel 1

symptoom (het)	兆候	chōkō
temperatuur (de)	体温	taion
verhoogde temperatuur (de)	熱	netsu
polsslag (de)	脈拍	myakuhaku
duizeling (de)	目まい［眩暈］	memai
heet (erg warm)	熱い	atsui
koude rillingen (mv.)	震え	furue
bleek (bn)	青白い	aojiroi
hoest (de)	咳	seki
hoesten (ww)	咳をする	seki wo suru
niezen (ww)	くしゃみをする	kushami wo suru
flauwte (de)	気絶	kizetsu
flauwvallen (ww)	気絶する	kizetsu suru
blauwe plek (de)	打ち身	uchimi
buil (de)	たんこぶ	tankobu
zich stoten (ww)	あざができる	aza ga dekiru
kneuzing (de)	打撲傷	dabokushō
kneuzen (gekneusd zijn)	打撲する	daboku suru
hinken (ww)	足を引きずる	ashi wo hikizuru
verstuiking (de)	脱臼	dakkyū
verstuiken (enkel, enz.)	脱臼する	dakkyū suru
breuk (de)	骨折	kossetsu
een breuk oplopen	骨折する	kossetsu suru
snijwond (de)	切り傷	kirikizu
zich snijden (ww)	切り傷を負う	kirikizu wo ō

bloeding (de)	出血	shukketsu
brandwond (de)	火傷	yakedo
zich branden (ww)	火傷する	yakedo suru
prikken (ww)	刺す	sasu
zich prikken (ww)	自分を刺す	jibun wo sasu
blesseren (ww)	けがする	kega suru
blessure (letsel)	けが [怪我]	kega
wond (de)	負傷	fushō
trauma (het)	外傷	gaishō
IJlen (ww)	熱に浮かされる	netsu ni ukasareru
stotteren (ww)	どもる	domoru
zonnesteek (de)	日射病	nisshabyō

65. Symptomen. Behandelingen. Deel 2

pijn (de)	痛み	itami
splinter (de)	とげ [棘]	toge
zweet (het)	汗	ase
zweten (ww)	汗をかく	ase wo kaku
braking (de)	嘔吐	ōto
stuiptrekkingen (mv.)	けいれん [痙攣]	keiren
zwanger (bn)	妊娠している	ninshin shi te iru
geboren worden (ww)	生まれる	umareru
geboorte (de)	分娩	bumben
baren (ww)	分娩する	bumben suru
abortus (de)	妊娠中絶	ninshin chūzetsu
ademhaling (de)	呼吸	kokyū
inademing (de)	息を吸うこと	iki wo sū koto
uitademing (de)	息を吐くこと	iki wo haku koto
uitademen (ww)	息を吐く	iki wo haku
inademen (ww)	息を吸う	iki wo sū
invalide (de)	障害者	shōgai sha
gehandicapte (de)	身障者	shinshōsha
drugsverslaafde (de)	麻薬中毒者	mayaku chūdoku sha
doof (bn)	ろうの [聾の]	rō no
stom (bn)	口のきけない	kuchi no kike nai
doofstom (bn)	ろうあの [聾唖の]	rōa no
krankzinnig (bn)	狂気の	kyōki no
krankzinnige (man)	狂人	kyōjin
krankzinnige (vrouw)	狂女	kyōjo
krankzinnig worden	気が狂う	ki ga kurū
gen (het)	遺伝子	idenshi
immuniteit (de)	免疫	meneki
erfelijk (bn)	遺伝性の	iden sei no
aangeboren (bn)	先天性の	senten sei no

virus (het)	ウィルス	wirusu
microbe (de)	細菌	saikin
bacterie (de)	バクテリア	bakuteria
infectie (de)	伝染	densen

66. Symptomen. Behandelingen. Deel 3

| ziekenhuis (het) | 病院 | byōin |
| patiënt (de) | 患者 | kanja |

diagnose (de)	診断	shindan
genezing (de)	療養	ryōyō
medische behandeling (de)	治療	chiryō
onder behandeling zijn	治療を受ける	chiryō wo ukeru
behandelen (ww)	治療する	chiryō suru
zorgen (zieken ~)	看護する	kango suru
ziekenzorg (de)	看護	kango

operatie (de)	手術	shujutsu
verbinden (een arm ~)	包帯をする	hōtai wo suru
verband (het)	包帯を巻くこと	hōtai wo maku koto

vaccin (het)	予防接種	yobō sesshu
inenten (vaccineren)	予防接種をする	yobō sesshu wo suru
injectie (de)	注射	chūsha
een injectie geven	注射する	chūsha suru

aanval (de)	発作	hossa
amputatie (de)	切断手術	setsudan shujutsu
amputeren (ww)	切断する	setsudan suru
coma (het)	昏睡	konsui
in coma liggen	昏睡状態になる	konsui jōtai ni naru
intensieve zorg, ICU (de)	集中治療	shūchū chiryō

zich herstellen (ww)	回復する	kaifuku suru
toestand (de)	体調	taichō
bewustzijn (het)	意識	ishiki
geheugen (het)	記憶	kioku

trekken (een kies ~)	抜く	nuku
vulling (de)	詰め物	tsume mono
vullen (ww)	詰め物をする	tsume mono wo suru

| hypnose (de) | 催眠術 | saimin jutsu |
| hypnotiseren (ww) | 催眠術をかける | saimin jutsu wo kakeru |

67. Geneeskunde. Medicijnen. Accessoires

geneesmiddel (het)	薬	kusuri
middel (het)	治療薬	chiryō yaku
voorschrijven (ww)	処方する	shohō suru
recept (het)	処方	shohō

tablet (de/het)	錠剤	jōzai
zalf (de)	軟膏	nankō
ampul (de)	アンプル	anpuru
drank (de)	調合薬	chōgō yaku
siroop (de)	シロップ	shiroppu
pil (de)	丸剤	gan zai
poeder (de/het)	粉薬	konagusuri
verband (het)	包帯	hōtai
watten (mv.)	脱脂綿	dasshimen
jodium (het)	ヨード	yōdo
pleister (de)	ばんそうこう［絆創膏］	bansōkō
pipet (de)	アイドロッパー	aidoroppā
thermometer (de)	体温計	taionkei
spuit (de)	注射器	chūsha ki
rolstoel (de)	車椅子	kurumaisu
krukken (mv.)	松葉杖	matsubazue
pijnstiller (de)	痛み止め	itami tome
laxeermiddel (het)	下剤	gezai
spiritus (de)	エタノール	etanoru
medicinale kruiden (mv.)	薬草	yakusō
kruiden- (abn)	薬草の	yakusō no

APPARTEMENT

68. Appartement

appartement (het)	アパート	apāto
kamer (de)	部屋	heya
slaapkamer (de)	寝室	shinshitsu
eetkamer (de)	食堂	shokudō
salon (de)	居間	ima
studeerkamer (de)	書斎	shosai
gang (de)	玄関	genkan
badkamer (de)	浴室	yokushitsu
toilet (het)	トイレ	toire
plafond (het)	天井	tenjō
vloer (de)	床	yuka
hoek (de)	隅	sumi

69. Meubels. Interieur

meubels (mv.)	家具	kagu
tafel (de)	テーブル	tēburu
stoel (de)	椅子	isu
bed (het)	ベッド	beddo
bankstel (het)	ソファ	sofa
fauteuil (de)	肘掛け椅子	hijikake isu
boekenkast (de)	書棚	shodana
boekenrek (het)	棚	tana
stellingkast (de)	違い棚	chigaidana
kledingkast (de)	ワードローブ	wādo rōbu
kapstok (de)	ウォールハンガー	wōru hangā
staande kapstok (de)	コートスタンド	kōto sutando
commode (de)	チェスト	chesuto
salontafeltje (het)	コーヒーテーブル	kōhī tēburu
spiegel (de)	鏡	kagami
tapijt (het)	カーペット	kāpetto
tapijtje (het)	マット	matto
haard (de)	暖炉	danro
kaars (de)	ろうそく	rōsoku
kandelaar (de)	ろうそく立て	rōsoku date
gordijnen (mv.)	カーテン	kāten
behang (het)	壁紙	kabegami

71

jaloezie (de)	ブラインド	buraindo
bureaulamp (de)	テーブルランプ	tēburu ranpu
wandlamp (de)	ウォールランプ	wŏru ranpu
staande lamp (de)	フロアスタンド	furoa sutando
luchter (de)	シャンデリア	shanderia
poot (ov. een tafel, enz.)	脚	ashi
armleuning (de)	肘掛け	hijikake
rugleuning (de)	背もたれ	semotare
la (de)	引き出し	hikidashi

70. Beddengoed

beddengoed (het)	寝具	shingu
kussen (het)	枕	makura
kussenovertrek (de)	枕カバー	makura kabā
deken (de)	毛布	mōfu
laken (het)	シーツ	shītsu
sprei (de)	ベッドカバー	beddo kabā

71. Keuken

keuken (de)	台所	daidokoro
gas (het)	ガス	gasu
gasfornuis (het)	ガスコンロ	gasu konro
elektrisch fornuis (het)	電気コンロ	denki konro
oven (de)	オーブン	ōbun
magnetronoven (de)	電子レンジ	denshi renji
koelkast (de)	冷蔵庫	reizōko
diepvriezer (de)	冷凍庫	reitōko
vaatwasmachine (de)	食器洗い機	shokkiarai ki
vleesmolen (de)	肉挽き器	niku hiki ki
vruchtenpers (de)	ジューサー	jūsā
toaster (de)	トースター	tōsutā
mixer (de)	ハンドミキサー	hando mikisā
koffiemachine (de)	コーヒーメーカー	kōhī mēkā
koffiepot (de)	コーヒーポット	kōhī potto
koffiemolen (de)	コーヒーグラインダー	kōhī guraindā
fluitketel (de)	やかん	yakan
theepot (de)	急須	kyūsu
deksel (de/het)	蓋 [ふた]	futa
theezeefje (het)	茶漉し	chakoshi
lepel (de)	さじ [匙]	saji
theelepeltje (het)	茶さじ	cha saji
eetlepel (de)	大さじ [大匙]	ōsaji
vork (de)	フォーク	fōku
mes (het)	ナイフ	naifu

vaatwerk (het)	食器	shokki
bord (het)	皿	sara
schoteltje (het)	ソーサー	sōsā

likeurglas (het)	ショットグラス	shotto gurasu
glas (het)	コップ	koppu
kopje (het)	カップ	kappu

suikerpot (de)	砂糖入れ	satō ire
zoutvat (het)	塩入れ	shio ire
pepervat (het)	胡椒入れ	koshō ire
boterschaaltje (het)	バター皿	batā zara

steelpan (de)	両手鍋	ryō tenabe
bakpan (de)	フライパン	furaipan
pollepel (de)	おたま	o tama
vergiet (de/het)	水切りボール	mizukiri bōru
dienblad (het)	配膳盆	haizen bon

fles (de)	ボトル	botoru
glazen pot (de)	ジャー、瓶	jā, bin
blik (conserven~)	缶	kan

flesopener (de)	栓抜き	sen nuki
blikopener (de)	缶切り	kankiri
kurkentrekker (de)	コルク抜き	koruku nuki
filter (de/het)	フィルター	firutā
filteren (ww)	フィルターにかける	firutā ni kakeru

| huisvuil (het) | ゴミ［ごみ］ | gomi |
| vuilnisemmer (de) | ゴミ箱 | gomibako |

72. Badkamer

badkamer (de)	浴室	yokushitsu
water (het)	水	mizu
kraan (de)	蛇口	jaguchi
warm water (het)	温水	onsui
koud water (het)	冷水	reisui

tandpasta (de)	歯磨き粉	hamigakiko
tanden poetsen (ww)	歯を磨く	ha wo migaku
tandenborstel (de)	歯ブラシ	haburashi

zich scheren (ww)	ひげを剃る	hige wo soru
scheercrème (de)	シェービングフォーム	shēbingu fōmu
scheermes (het)	剃刀	kamisori

wassen (ww)	洗う	arau
een bad nemen	風呂に入る	furo ni hairu
douche (de)	シャワー	shawā
een douche nemen	シャワーを浴びる	shawā wo abiru
bad (het)	浴槽	yokusō
toiletpot (de)	トイレ、便器	toire, benki

wastafel (de)	洗面台	senmen dai
zeep (de)	石鹸	sekken
zeepbakje (het)	石鹸皿	sekken zara

spons (de)	スポンジ	suponji
shampoo (de)	シャンプー	shanpū
handdoek (de)	タオル	taoru
badjas (de)	バスローブ	basurōbu

was (bijv. handwas)	洗濯	sentaku
wasmachine (de)	洗濯機	sentaku ki
de was doen	洗濯する	sentaku suru
waspoeder (de)	洗剤	senzai

73. Huishoudelijke apparaten

televisie (de)	テレビ	terebi
cassettespeler (de)	テープレコーダー	tēpurekōdā
videorecorder (de)	ビデオ	bideo
radio (de)	ラジオ	rajio
speler (de)	プレーヤー	purēyā

videoprojector (de)	ビデオプロジェクター	bideo purojekutā
home theater systeem (het)	ホームシアター	hōmu shiatā
DVD-speler (de)	DVDプレーヤー	dībuidī purēyā
versterker (de)	アンプ	anpu
spelconsole (de)	ゲーム機	gēmu ki

videocamera (de)	ビデオカメラ	bideo kamera
fotocamera (de)	カメラ	kamera
digitale camera (de)	デジタルカメラ	dejitaru kamera

stofzuiger (de)	掃除機	sōji ki
strijkijzer (het)	アイロン	airon
strijkplank (de)	アイロン台	airondai

telefoon (de)	電話	denwa
mobieltje (het)	携帯電話	keitai denwa
schrijfmachine (de)	タイプライター	taipuraitā
naaimachine (de)	ミシン	mishin

microfoon (de)	マイクロフォン	maikurofon
koptelefoon (de)	ヘッドホン	heddohon
afstandsbediening (de)	リモコン	rimokon

CD (de)	CD（シーディー）	shīdī
cassette (de)	カセットテープ	kasettotēpu
vinylplaat (de)	レコード	rekōdo

DE AARDE. WEER

74. De kosmische ruimte

kosmos (de)	宇宙	uchū
kosmisch (bn)	宇宙の	uchū no
kosmische ruimte (de)	宇宙空間	uchū kūkan
wereld (de)	世界	sekai
heelal (het)	宇宙	uchū
sterrenstelsel (het)	銀河系	gingakei
ster (de)	星	hoshi
sterrenbeeld (het)	星座	seiza
planeet (de)	惑星	wakusei
satelliet (de)	衛星	eisei
meteoriet (de)	隕石	inseki
komeet (de)	彗星	suisei
asteroïde (de)	小惑星	shōwakusei
baan (de)	軌道	kidō
draaien (om de zon, enz.)	公転する	kōten suru
atmosfeer (de)	大気	taiki
Zon (de)	太陽	taiyō
zonnestelsel (het)	太陽系	taiyōkei
zonsverduistering (de)	日食	nisshoku
Aarde (de)	地球	chikyū
Maan (de)	月	tsuki
Mars (de)	火星	kasei
Venus (de)	金星	kinsei
Jupiter (de)	木星	mokusei
Saturnus (de)	土星	dosei
Mercurius (de)	水星	suisei
Uranus (de)	天王星	tennōsei
Neptunus (de)	海王星	kaiōsei
Pluto (de)	冥王星	meiōsei
Melkweg (de)	天の川	amanogawa
Grote Beer (de)	おおぐま座	ōguma za
Poolster (de)	北極星	hokkyokusei
marsmannetje (het)	火星人	kasei jin
buitenaards wezen (het)	宇宙人	uchū jin
bovenaards (het)	異星人	i hoshi jin
vliegende schotel (de)	空飛ぶ円盤	sora tobu enban
ruimtevaartuig (het)	宇宙船	uchūsen

ruimtestation (het)	宇宙ステーション	uchū sutēshon
start (de)	打ち上げ	uchiage
motor (de)	エンジン	enjin
straalpijp (de)	ノズル	nozuru
brandstof (de)	燃料	nenryō
cabine (de)	コックピット	kokkupitto
antenne (de)	アンテナ	antena
patrijspoort (de)	舷窓	gensō
zonnebatterij (de)	太陽電池	taiyō denchi
ruimtepak (het)	宇宙服	uchū fuku
gewichtloosheid (de)	無重力	mu jūryoku
zuurstof (de)	酸素	sanso
koppeling (de)	ドッキング	dokkingu
koppeling maken	ドッキングする	dokkingu suru
observatorium (het)	天文台	tenmondai
telescoop (de)	望遠鏡	bōenkyō
waarnemen (ww)	観察する	kansatsu suru
exploreren (ww)	探索する	tansaku suru

75. De Aarde

Aarde (de)	地球	chikyū
aardbol (de)	世界	sekai
planeet (de)	惑星	wakusei
atmosfeer (de)	大気	taiki
aardrijkskunde (de)	地理学	chiri gaku
natuur (de)	自然	shizen
wereldbol (de)	地球儀	chikyūgi
kaart (de)	地図	chizu
atlas (de)	地図帳	chizu chō
Europa (het)	ヨーロッパ	yōroppa
Azië (het)	アジア	ajia
Afrika (het)	アフリカ	afurika
Australië (het)	オーストラリア	ōsutoraria
Amerika (het)	アメリカ	amerika
Noord-Amerika (het)	北アメリカ	kita amerika
Zuid-Amerika (het)	南アメリカ	minami amerika
Antarctica (het)	南極大陸	nankyokutairiku
Arctis (de)	北極	hokkyoku

76. Windrichtingen

noorden (het)	北	kita
naar het noorden	北へ	kita he

in het noorden	北に	kita ni
noordelijk (bn)	北の	kita no
zuiden (het)	南	minami
naar het zuiden	南へ	minami he
in het zuiden	南に	minami ni
zuidelijk (bn)	南の	minami no
westen (het)	西	nishi
naar het westen	西へ	nishi he
in het westen	西に	nishi ni
westelijk (bn)	西の	nishi no
oosten (het)	東	higashi
naar het oosten	東へ	higashi he
in het oosten	東に	higashi ni
oostelijk (bn)	東の	higashi no

77. Zee. Oceaan

zee (de)	海	umi
oceaan (de)	海洋	kaiyō
golf (baai)	湾	wan
straat (de)	海峡	kaikyō
grond (vaste grond)	乾燥地	kansō chi
continent (het)	大陸	tairiku
eiland (het)	島	shima
schiereiland (het)	半島	hantō
archipel (de)	多島海	tatōkai
baai, bocht (de)	入り江	irie
haven (de)	泊地	hakuchi
lagune (de)	潟	kata
kaap (de)	岬	misaki
atol (de)	環礁	kanshō
rif (het)	暗礁	anshō
koraal (het)	サンゴ	sango
koraalrif (het)	サンゴ礁	sangoshō
diep (bn)	深い	fukai
diepte (de)	深さ	fuka sa
diepzee (de)	深淵	shinen
trog (bijv. Marianentrog)	海溝	kaikō
stroming (de)	海流	kairyū
omspoelen (ww)	取り囲む	torikakomu
oever (de)	海岸	kaigan
kust (de)	沿岸	engan
vloed (de)	満潮	manchō
eb (de)	干潮	kanchō

ondiepte (ondiep water)	砂州	sasu
bodem (de)	底	soko
golf (hoge ~)	波	nami
golfkam (de)	波頭	namigashira
schuim (het)	泡	awa
storm (de)	嵐	arashi
orkaan (de)	ハリケーン	harikēn
tsunami (de)	津波	tsunami
windstilte (de)	凪	nagi
kalm (bijv. ~e zee)	穏やかな	odayaka na
pool (de)	極地	kyokuchi
polair (bn)	極地の	kyokuchi no
breedtegraad (de)	緯度	ido
lengtegraad (de)	経度	keido
parallel (de)	度線	dosen
evenaar (de)	赤道	sekidō
hemel (de)	空	sora
horizon (de)	地平線	chiheisen
lucht (de)	空気	kūki
vuurtoren (de)	灯台	tōdai
duiken (ww)	飛び込む	tobikomu
zinken (ov. een boot)	沈没する	chinbotsu suru
schatten (mv.)	宝	takara

78. Namen van zeeën en oceanen

Atlantische Oceaan (de)	大西洋	taiseiyō
Indische Oceaan (de)	インド洋	indoyō
Stille Oceaan (de)	太平洋	taiheiyō
Noordelijke IJszee (de)	北氷洋	kitakōriyō
Zwarte Zee (de)	黒海	kokkai
Rode Zee (de)	紅海	kōkai
Gele Zee (de)	黄海	kōkai
Witte Zee (de)	白海	hakkai
Kaspische Zee (de)	カスピ海	kasupikai
Dode Zee (de)	死海	shikai
Middellandse Zee (de)	地中海	chichūkai
Egeïsche Zee (de)	エーグ海	ēgekai
Adriatische Zee (de)	アドリア海	adoriakai
Arabische Zee (de)	アラビア海	arabia kai
Japanse Zee (de)	日本海	nihonkai
Beringzee (de)	ベーリング海	bēringukai
Zuid-Chinese Zee (de)	南シナ海	minami shinakai
Koraalzee (de)	珊瑚海	sangokai

Tasmanzee (de)	タスマン海	tasumankai
Caribische Zee (de)	カリブ海	karibukai
Barentszzee (de)	バレンツ海	barentsukai
Karische Zee (de)	カラ海	karakai
Noordzee (de)	北海	hokkai
Baltische Zee (de)	バルト海	barutokai
Noorse Zee (de)	ノルウェー海	noruwē umi

79. Bergen

berg (de)	山	yama
bergketen (de)	山脈	sanmyaku
gebergte (het)	山稜	sanryō
bergtop (de)	頂上	chōjō
bergpiek (de)	とがった山頂	togatta sanchō
voet (ov. de berg)	麓	fumoto
helling (de)	山腹	sanpuku
vulkaan (de)	火山	kazan
actieve vulkaan (de)	活火山	kakkazan
uitgedoofde vulkaan (de)	休火山	kyūkazan
uitbarsting (de)	噴火	funka
krater (de)	噴火口	funkakō
magma (het)	岩漿、マグマ	ganshō, maguma
lava (de)	溶岩	yōgan
gloeiend (~e lava)	溶…	yō …
kloof (canyon)	峡谷	kyōkoku
bergkloof (de)	峡谷	kyōkoku
spleet (de)	裂け目	sakeme
afgrond (de)	奈落の底	naraku no soko
bergpas (de)	峠	tōge
plateau (het)	高原	kōgen
klip (de)	断崖	dangai
heuvel (de)	丘	oka
gletsjer (de)	氷河	hyōga
waterval (de)	滝	taki
geiser (de)	間欠泉	kanketsusen
meer (het)	湖	mizūmi
vlakte (de)	平原	heigen
landschap (het)	風景	fūkei
echo (de)	こだま	kodama
alpinist (de)	登山家	tozan ka
bergbeklimmer (de)	ロッククライマー	rokku kuraimā
trotseren (berg ~)	征服する	seifuku suru
beklimming (de)	登山	tozan

80. Bergen namen

Alpen (de)	アルプス山脈	arupusu sanmyaku
Mont Blanc (de)	モンブラン	monburan
Pyreneeën (de)	ピレネー山脈	pirenē sanmyaku
Karpaten (de)	カルパティア山脈	karupatia sanmyaku
Oeralgebergte (het)	ウラル山脈	uraru sanmyaku
Kaukasus (de)	コーカサス山脈	kōkasasu sanmyaku
Elbroes (de)	エルブルス山	eruburusu san
Altaj (de)	アルタイ山脈	arutai sanmyaku
Tiensjan (de)	天山山脈	amayama sanmyaku
Pamir (de)	パミール高原	pamīru kōgen
Himalaya (de)	ヒマラヤ	himaraya
Everest (de)	エベレスト	eberesuto
Andes (de)	アンデス山脈	andesu sanmyaku
Kilimanjaro (de)	キリマンジャロ	kirimanjaro

81. Rivieren

rivier (de)	川	kawa
bron (~ van een rivier)	泉	izumi
riverbedding (de)	川床	kawadoko
riverbekken (het)	流域	ryūiki
uitmonden in ...	…に流れ込む	... ni nagarekomu
zijrivier (de)	支流	shiryū
oever (de)	川岸	kawagishi
stroming (de)	流れ	nagare
stroomafwaarts (bw)	下流の	karyū no
stroomopwaarts (bw)	上流の	jōryū no
overstroming (de)	洪水	kōzui
overstroming (de)	氾濫	hanran
buiten zijn oevers treden	氾濫する	hanran suru
overstromen (ww)	水浸しにする	mizubitashi ni suru
zandbank (de)	浅瀬	asase
stroomversnelling (de)	急流	kyūryū
dam (de)	ダム	damu
kanaal (het)	運河	unga
spaarbekken (het)	ため池 [溜池]	tameike
sluis (de)	水門	suimon
waterlichaam (het)	水域	suīki
moeras (het)	沼地	numachi
broek (het)	湿地	shicchi
draaikolk (de)	渦	uzu
stroom (de)	小川	ogawa

| drink- (abn) | 飲用の | inyō no |
| zoet (~ water) | 淡… | tan … |

| IJs (het) | 氷 | kōri |
| bevriezen (rivier, enz.) | 氷結する | hyōketsu suru |

82. Namen van rivieren

| Seine (de) | セーヌ川 | sēnu gawa |
| Loire (de) | ロワール川 | rowāru gawa |

Theems (de)	テムズ川	temuzu gawa
Rijn (de)	ライン川	rain gawa
Donau (de)	ドナウ川	donau gawa

Wolga (de)	ヴォルガ川	voruga gawa
Don (de)	ドン川	don gawa
Lena (de)	レナ川	rena gawa

Gele Rivier (de)	黄河	kōga
Blauwe Rivier (de)	長江	chōkō
Mekong (de)	メコン川	mekon gawa
Ganges (de)	ガンジス川	ganjisu gawa

Nijl (de)	ナイル川	nairu gawa
Kongo (de)	コンゴ川	kongo gawa
Okavango (de)	オカヴァンゴ川	okavango gawa
Zambezi (de)	ザンベジ川	zanbeji gawa
Limpopo (de)	リンポポ川	rinpopo gawa
Mississippi (de)	ミシシッピ川	mishishippi gawa

83. Bos

| bos (het) | 森林 | shinrin |
| bos- (abn) | 森林の | shinrin no |

oerwoud (dicht bos)	密林	mitsurin
bosje (klein bos)	木立	kodachi
open plek (de)	空き地	akichi

| struikgewas (het) | やぶ ［藪］ | yabu |
| struiken (mv.) | 低木地域 | teiboku chīki |

| paadje (het) | 小道 | komichi |
| ravijn (het) | ガリ | gari |

boom (de)	木	ki
blad (het)	葉	ha
gebladerte (het)	葉っぱ	happa

| vallende bladeren (mv.) | 落葉 | rakuyō |
| vallen (ov. de bladeren) | 落ちる | ochiru |

boomtop (de)	木のてっぺん	kinoteppen
tak (de)	枝	eda
ent (de)	主枝	shushi
knop (de)	芽 [め]	me
naald (de)	松葉	matsuba
dennenappel (de)	松ぼっくり	matsubokkuri
boom holte (de)	樹洞	kihora
nest (het)	巣	su
hol (het)	巣穴	su ana
stam (de)	幹	miki
wortel (bijv. boom~s)	根	ne
schors (de)	樹皮	juhi
mos (het)	コケ [苔]	koke
ontwortelen (een boom)	根こそぎにする	nekosogi ni suru
kappen (een boom ~)	切り倒す	kiritaosu
ontbossen (ww)	切り払う	kiriharau
stronk (de)	切り株	kirikabu
kampvuur (het)	焚火	takibi
bosbrand (de)	森林火災	shinrin kasai
blussen (ww)	火を消す	hi wo kesu
boswachter (de)	森林警備隊員	shinrin keibi taīn
bescherming (de)	保護	hogo
beschermen (bijv. de natuur ~)	保護する	hogo suru
stroper (de)	密漁者	mitsuryō sha
val (de)	罠	wana
plukken (paddestoelen ~)	摘み集める	tsumi atsumeru
plukken (bessen ~)	採る	toru
verdwalen (de weg kwijt zijn)	道に迷う	michi ni mayō

84. Natuurlijke hulpbronnen

natuurlijke rijkdommen (mv.)	天然資源	tennen shigen
delfstoffen (mv.)	鉱物資源	kōbutsu shigen
lagen (mv.)	鉱床	kōshō
veld (bijv. olie~)	田	den
winnen (uit erts ~)	採掘する	saikutsu suru
winning (de)	採掘	saikutsu
erts (het)	鉱石	kōseki
mijn (bijv. kolenmijn)	鉱山	kōzan
mijnschacht (de)	立坑	tatekō
mijnwerker (de)	鉱山労働者	kōzan rōdō sha
gas (het)	ガス	gasu
gasleiding (de)	ガスパイプライン	gasu paipurain
olie (aardolie)	石油	sekiyu
olieleiding (de)	石油パイプライン	sekiyu paipurain

oliebron (de)	油井	yusei
boortoren (de)	油井やぐら	yusei ya gura
tanker (de)	タンカー	tankā

zand (het)	砂	suna
kalksteen (de)	石灰岩	sekkaigan
grind (het)	砂利	jari
veen (het)	泥炭	deitan
klei (de)	粘土	nendo
steenkool (de)	石炭	sekitan

IJzer (het)	鉄	tetsu
goud (het)	金	kin
zilver (het)	銀	gin
nikkel (het)	ニッケル	nikkeru
koper (het)	銅	dō

zink (het)	亜鉛	aen
mangaan (het)	マンガン	mangan
kwik (het)	水銀	suigin
lood (het)	鉛	namari

mineraal (het)	鉱物	kōbutsu
kristal (het)	水晶	suishō
marmer (het)	大理石	dairiseki
uraan (het)	ウラン	uran

85. Weer

weer (het)	天気	tenki
weersvoorspelling (de)	天気予報	tenki yohō
temperatuur (de)	温度	ondo
thermometer (de)	温度計	ondo kei
barometer (de)	気圧計	kiatsu kei

vochtig (bn)	湿度の	shitsudo no
vochtigheid (de)	湿度	shitsudo
hitte (de)	猛暑	mōsho
heet (bn)	暑い	atsui
het is heet	暑いです	atsui desu

| het is warm | 暖かいです | atatakai desu |
| warm (bn) | 暖かい | atatakai |

| het is koud | 寒いです | samui desu |
| koud (bn) | 寒い | samui |

zon (de)	太陽	taiyō
schijnen (de zon)	照る	teru
zonnig (~e dag)	晴れの	hare no
opgaan (ov. de zon)	昇る	noboru
ondergaan (ww)	沈む	shizumu
wolk (de)	雲	kumo
bewolkt (bn)	曇りの	kumori no

| regenwolk (de) | 雨雲 | amagumo |
| somber (bn) | どんよりした | donyori shi ta |

regen (de)	雨	ame
het regent	雨が降っている	ame ga futte iru
regenachtig (bn)	雨の	ame no
motregenen (ww)	そぼ降る	sobofuru

plensbui (de)	土砂降りの雨	doshaburi no ame
stortbui (de)	大雨	ōame
hard (bn)	激しい	hageshī
plas (de)	水溜り	mizutamari
nat worden (ww)	ぬれる［濡れる］	nureru

mist (de)	霧	kiri
mistig (bn)	霧の	kiri no
sneeuw (de)	雪	yuki
het sneeuwt	雪が降っている	yuki ga futte iru

86. Zwaar weer. Natuurrampen

noodweer (storm)	雷雨	raiu
bliksem (de)	稲妻	inazuma
flitsen (ww)	ピカッと光る	pikatto hikaru

donder (de)	雷	kaminari
donderen (ww)	雷が鳴る	kaminari ga naru
het dondert	雷が鳴っている	kaminari ga natte iru

| hagel (de) | ひょう［雹］ | hyō |
| het hagelt | ひょうが降っている | hyō ga futte iru |

| overstromen (ww) | 水浸しにする | mizubitashi ni suru |
| overstroming (de) | 洪水 | kōzui |

aardbeving (de)	地震	jishin
aardschok (de)	震動	shindō
epicentrum (het)	震源地	shingen chi

| uitbarsting (de) | 噴火 | funka |
| lava (de) | 溶岩 | yōgan |

wervelwind (de)	旋風	senpū
windhoos (de)	竜巻	tatsumaki
tyfoon (de)	台風	taifū

orkaan (de)	ハリケーン	harikēn
storm (de)	暴風	bōfū
tsunami (de)	津波	tsunami

cycloon (de)	サイクロン	saikuron
onweer (het)	悪い天気	warui tenki
brand (de)	火事	kaji
ramp (de)	災害	saigai

meteoriet (de)	隕石	inseki
lawine (de)	雪崩	nadare
sneeuwverschuiving (de)	雪崩	nadare
sneeuwjacht (de)	猛吹雪	mō fubuki
sneeuwstorm (de)	吹雪	fubuki

FAUNA

87. Zoogdieren. Roofdieren

roofdier (het)	肉食獣	nikushoku juu
tijger (de)	トラ［虎］	tora
leeuw (de)	ライオン	raion
wolf (de)	オオカミ	ōkami
vos (de)	キツネ［狐］	kitsune
jaguar (de)	ジャガー	jagā
luipaard (de)	ヒョウ［豹］	hyō
jachtluipaard (de)	チーター	chītā
panter (de)	黒豹	kuro hyō
poema (de)	ピューマ	pyūma
sneeuwluipaard (de)	雪豹	yuki hyō
lynx (de)	オオヤマネコ	ōyamaneko
coyote (de)	コヨーテ	koyōte
jakhals (de)	ジャッカル	jakkaru
hyena (de)	ハイエナ	haiena

88. Wilde dieren

dier (het)	動物	dōbutsu
beest (het)	獣	shishi
eekhoorn (de)	リス	risu
egel (de)	ハリネズミ［針鼠］	harinezumi
haas (de)	ヘア	hea
konijn (het)	ウサギ［兎］	usagi
das (de)	アナグマ	anaguma
wasbeer (de)	アライグマ	araiguma
hamster (de)	ハムスター	hamusutā
marmot (de)	マーモット	māmotto
mol (de)	モグラ	mogura
muis (de)	ネズミ	nezumi
rat (de)	ラット	ratto
vleermuis (de)	コウモリ［蝙蝠］	kōmori
hermelijn (de)	オコジョ	okojo
sabeldier (het)	クロテン	kuroten
marter (de)	マツテン	matsu ten
wezel (de)	イタチ（鼬、鼬鼠）	itachi
nerts (de)	ミンク	minku

bever (de)	ピーバー	bībā
otter (de)	カワウソ	kawauso
paard (het)	ウマ [馬]	uma
eland (de)	ヘラジカ（麀鹿）	herajika
hert (het)	シカ [鹿]	shika
kameel (de)	ラクダ [駱駝]	rakuda
bizon (de)	アメリカバイソン	amerika baison
oeros (de)	ヨーロッパバイソン	yōroppa baison
buffel (de)	水牛	suigyū
zebra (de)	シマウマ [縞馬]	shimauma
antilope (de)	レイヨウ	reiyō
ree (de)	ノロジカ	noro jika
damhert (het)	ダマジカ	damajika
gems (de)	シャモア	shamoa
everzwijn (het)	イノシシ [猪]	inoshishi
walvis (de)	クジラ [鯨]	kujira
rob (de)	アザラシ	azarashi
walrus (de)	セイウチ [海象]	seiuchi
zeehond (de)	オットセイ [膃肭臍]	ottosei
dolfijn (de)	いるか [海豚]	iruka
beer (de)	クマ [熊]	kuma
IJsbeer (de)	ホッキョクグマ	hokkyokuguma
panda (de)	パンダ	panda
aap (de)	サル [猿]	saru
chimpansee (de)	チンパンジー	chinpanjī
orang-oetan (de)	オランウータン	oranwutan
gorilla (de)	ゴリラ	gorira
makaak (de)	マカク	makaku
gibbon (de)	テナガザル	tenagazaru
olifant (de)	ゾウ [象]	zō
neushoorn (de)	サイ [犀]	sai
giraffe (de)	キリン	kirin
nijlpaard (het)	カバ [河馬]	kaba
kangoeroe (de)	カンガルー	kangarū
koala (de)	コアラ	koara
mangoest (de)	マングース	mangūsu
chinchilla (de)	チンチラ	chinchira
stinkdier (het)	スカンク	sukanku
stekelvarken (het)	ヤマアラシ	yamārashi

89. Huisdieren

poes (de)	猫	neko
kater (de)	オス猫	osu neko
hond (de)	犬	inu

paard (het)	ウマ［馬］	uma
hengst (de)	種馬	taneuma
merrie (de)	雌馬	meuma
koe (de)	雌牛	meushi
stier (de)	雄牛	ōshi
os (de)	去勢牛	kyosei ushi
schaap (het)	羊	hitsuji
ram (de)	雄羊	ohitsuji
geit (de)	ヤギ［山羊］	yagi
bok (de)	雄ヤギ	oyagi
ezel (de)	ロバ	roba
muilezel (de)	ラバ	raba
varken (het)	ブタ［豚］	buta
biggetje (het)	子豚	kobuta
konijn (het)	カイウサギ［飼兎］	kai usagi
kip (de)	ニワトリ［鶏］	niwatori
haan (de)	おんどり［雄鶏］	ondori
eend (de)	アヒル	ahiru
woerd (de)	雄アヒル	oahiru
gans (de)	ガチョウ	gachō
kalkoen haan (de)	雄七面鳥	oshichimenchō
kalkoen (de)	七面鳥［シチメンチョウ］	shichimenchō
huisdieren (mv.)	家畜	kachiku
tam (bijv. hamster)	馴れた	nare ta
temmen (tam maken)	かいならす	kainarasu
fokken (bijv. paarden ~)	飼養する	shiyō suru
boerderij (de)	農場	nōjō
gevogelte (het)	家禽	kakin
rundvee (het)	畜牛	chiku gyū
kudde (de)	群れ	mure
paardenstal (de)	馬小屋	umagoya
zwijnenstal (de)	豚小屋	buta goya
koeienstal (de)	牛舎	gyūsha
konijnenhok (het)	ウサギ小屋	usagi koya
kippenhok (het)	鶏小屋	niwatori goya

90. Vogels

vogel (de)	鳥	tori
duif (de)	鳩［ハト］	hato
mus (de)	スズメ（雀）	suzume
koolmees (de)	シジュウカラ［四十雀］	shijūkara
ekster (de)	カササギ（鵲）	kasasagi
raaf (de)	ワタリガラス［渡鴉］	watari garasu

kraai (de)	カラス［鴉］	karasu
kauw (de)	ニシコクマルガラス	nishikokumaru garasu
roek (de)	ミヤマガラス［深山烏］	miyama garasu
eend (de)	カモ［鴨］	kamo
gans (de)	ガチョウ	gachō
fazant (de)	キジ	kiji
arend (de)	鷲	washi
havik (de)	鷹	taka
valk (de)	ハヤブサ［隼］	hayabusa
gier (de)	ハゲワシ	hagewashi
condor (de)	コンドル	kondoru
zwaan (de)	白鳥［ハクチョウ］	hakuchō
kraanvogel (de)	鶴［ツル］	tsuru
ooievaar (de)	シュバシコウ	shubashikō
papegaai (de)	オウム	ōmu
kolibrie (de)	ハチドリ［蜂鳥］	hachidori
pauw (de)	クジャク［孔雀］	kujaku
struisvogel (de)	ダチョウ［駝鳥］	dachō
reiger (de)	サギ［鷺］	sagi
flamingo (de)	フラミンゴ	furamingo
pelikaan (de)	ペリカン	perikan
nachtegaal (de)	サヨナキドリ	sayonakidori
zwaluw (de)	ツバメ［燕］	tsubame
lijster (de)	ノハラツグミ	nohara tsugumi
zanglijster (de)	ウタツグミ［歌鶫］	uta tsugumi
merel (de)	クロウタドリ	kurōtadori
gierzwaluw (de)	アマツバメ［雨燕］	ama tsubame
leeuwerik (de)	ヒバリ［雲雀］	hibari
kwartel (de)	ウズラ	uzura
specht (de)	キツツキ	kitsutsuki
koekoek (de)	カッコウ［郭公］	kakkō
uil (de)	トラフズク	torafuzuku
oehoe (de)	ワシミミズク	washi mimizuku
auerhoen (het)	ヨーロッパオオライチョウ	yōroppa ōraichō
korhoen (het)	クロライチョウ	kuro raichō
patrijs (de)	ヨーロッパヤマウズラ	yōroppa yamauzura
spreeuw (de)	ムクドリ	mukudori
kanarie (de)	カナリア［金糸雀］	kanaria
hazelhoen (het)	エゾライチョウ	ezo raichō
vink (de)	ズアオアトリ	zuaoatori
goudvink (de)	ウソ［鷽］	uso
meeuw (de)	カモメ［鴎］	kamome
albatros (de)	アホウドリ	ahōdori
pinguïn (de)	ペンギン	pengin

91. Vis. Zeedieren

brasem (de)	ブリーム	burīmu
karper (de)	コイ [鯉]	koi
baars (de)	ヨーロピアンパーチ	yōropian pāchi
meerval (de)	ナマズ	namazu
snoek (de)	カワカマス	kawakamasu
zalm (de)	サケ	sake
steur (de)	チョウザメ [蝶鮫]	chōzame
haring (de)	ニシン	nishin
atlantische zalm (de)	タイセイヨウサケ [大西洋鮭]	taiseiyō sake
makreel (de)	サバ [鯖]	saba
platvis (de)	カレイ [鰈]	karei
snoekbaars (de)	ザンダー	zandā
kabeljauw (de)	タラ [鱈]	tara
tonijn (de)	マグロ [鮪]	maguro
forel (de)	マス [鱒]	masu
paling (de)	ウナギ [鰻]	unagi
sidderrog (de)	シビレエイ	shibireei
murene (de)	ウツボ [鱓]	utsubo
piranha (de)	ピラニア	pirania
haai (de)	サメ [鮫]	same
dolfijn (de)	イルカ [海豚]	iruka
walvis (de)	クジラ [鯨]	kujira
krab (de)	カニ [蟹]	kani
kwal (de)	クラゲ [水母]	kurage
octopus (de)	タコ [蛸]	tako
zeester (de)	ヒトデ [海星]	hitode
zee-egel (de)	ウニ [海胆]	uni
zeepaardje (het)	タツノオトシゴ	tatsunootoshigo
oester (de)	カキ [牡蠣]	kaki
garnaal (de)	エビ	ebi
kreeft (de)	イセエビ	iseebi
langoest (de)	スパイニーロブスター	supainī robusutā

92. Amfibieën. Reptielen

slang (de)	ヘビ（蛇）	hebi
giftig (slang)	毒…、有毒な	doku…, yūdoku na
adder (de)	クサリヘビ	kusarihebi
cobra (de)	コブラ	kobura
python (de)	ニシキヘビ	nishikihebi
boa (de)	ボア	boa
ringslang (de)	ヨーロッパヤマカガシ	yōroppa yamakagashi

ratelslang (de)	ガラガラヘビ	garagarahebi
anaconda (de)	アナコンダ	anakonda
hagedis (de)	トカゲ [蜥蜴]	tokage
leguaan (de)	イグアナ	iguana
varaan (de)	オオトカゲ	ōtokage
salamander (de)	サンショウウオ [山椒魚]	sanshōuo
kameleon (de)	カメレオン	kamereon
schorpioen (de)	サソリ [蠍]	sasori
schildpad (de)	カメ [亀]	kame
kikker (de)	蛙 [カエル]	kaeru
pad (de)	ヒキガエル	hikigaeru
krokodil (de)	ワニ [鰐]	wani

93. Insecten

insect (het)	昆虫	konchū
vlinder (de)	チョウ [蝶]	chō
mier (de)	アリ [蟻]	ari
vlieg (de)	ハエ [蝿]	hae
mug (de)	カ [蚊]	ka
kever (de)	甲虫	kabutomushi
wesp (de)	ワスプ	wasupu
bij (de)	ハチ [蜂]	hachi
hommel (de)	マルハナバチ [丸花蜂]	maruhanabachi
horzel (de)	アブ [虻]	abu
spin (de)	クモ [蜘蛛]	kumo
spinnenweb (het)	クモの巣	kumo no su
libel (de)	トンボ [蜻蛉]	tonbo
sprinkhaan (de)	キリギリス	kirigirisu
nachtvlinder (de)	ガ [蛾]	ga
kakkerlak (de)	ゴキブリ [蜚蠊]	gokiburi
mijt (de)	ダニ [壁蝨、蜱]	dani
vlo (de)	ノミ [蚤]	nomi
kriebelmug (de)	ヌカカ [糠蚊]	nukaka
treksprinkhaan (de)	バッタ [飛蝗]	batta
slak (de)	カタツムリ [蝸牛]	katatsumuri
krekel (de)	コオロギ [蟋蟀、蛬]	kōrogi
glimworm (de)	ホタル [蛍、螢]	hotaru
lieveheersbeestje (het)	テントウムシ [天道虫]	tentōmushi
meikever (de)	コフキコガネ	kofukikogane
bloedzuiger (de)	ヒル [蛭]	hiru
rups (de)	ケムシ [毛虫]	kemushi
aardworm (de)	ミミズ [蚯蚓]	mimizu
larve (de)	幼虫	yōchū

FLORA

94. Bomen

boom (de)	木	ki
loof- (abn)	落葉性の	rakuyō sei no
dennen- (abn)	針葉樹の	shinyōju no
groenblijvend (bn)	常緑の	jōryoku no
appelboom (de)	りんごの木	ringonoki
perenboom (de)	洋梨の木	yōnashinoki
zoete kers (de)	セイヨウミザクラ	seiyōmi zakura
zure kers (de)	スミミザクラ	sumimi zakura
pruimelaar (de)	プラムトリー	puramu torī
berk (de)	カバノキ	kabanoki
eik (de)	オーク	ōku
linde (de)	シナノキ ［科の木］	shinanoki
esp (de)	ヤマナラシ ［山鳴らし］	yamanarashi
esdoorn (de)	カエデ ［楓］	kaede
spar (de)	スプルース	supurūsu
den (de)	マツ ［松］	matsu
lariks (de)	カラマツ ［唐松］	karamatsu
zilverspar (de)	モミ ［樅］	momi
ceder (de)	シダー	shidā
populier (de)	ポプラ	popura
lijsterbes (de)	ナナカマド	nanakamado
wilg (de)	ヤナギ ［柳］	yanagi
els (de)	ハンノキ	hannoki
beuk (de)	ブナ	buna
iep (de)	ニレ ［楡］	nire
es (de)	トネリコ ［梣］	toneriko
kastanje (de)	クリ ［栗］	kuri
magnolia (de)	モクレン ［木蓮］	mokuren
palm (de)	ヤシ ［椰子］	yashi
cipres (de)	イトスギ ［糸杉］	itosugi
mangrove (de)	マングローブ	mangurōbu
baobab (apenbroodboom)	バオバブ	baobabu
eucalyptus (de)	ユーカリ	yūkari
mammoetboom (de)	セコイア	sekoia

95. Heesters

struik (de)	低木	teiboku
heester (de)	潅木	kanboku

wijnstok (de)	ブドウ ［葡萄］	budō
wijngaard (de)	ブドウ園 ［葡萄園］	budōen
frambozenstruik (de)	ラズベリー	razuberī
zwarte bes (de)	クロスグリ	kuro suguri
rode bessenstruik (de)	フサスグリ	fusa suguri
kruisbessenstruik (de)	セイヨウスグリ	seiyō suguri
acacia (de)	アカシア	akashia
zuurbes (de)	メギ	megi
jasmijn (de)	ジャスミン	jasumin
jeneverbes (de)	セイヨウネズ	seiyōnezu
rozenstruik (de)	バラの木	baranoki
hondsroos (de)	イヌバラ	inu bara

96. Vruchten. Bessen

vrucht (de)	果物	kudamono
vruchten (mv.)	果物	kudamono
appel (de)	リンゴ	ringo
peer (de)	洋梨	yōnashi
pruim (de)	プラム	puramu
aardbei (de)	イチゴ（苺）	ichigo
kers (de)	チェリー	cherī
zure kers (de)	サワー チェリー	sawā cherī
zoete kers (de)	スイート チェリー	suīto cherī
druif (de)	ブドウ ［葡萄］	budō
framboos (de)	ラズベリー（木苺）	razuberī
zwarte bes (de)	クロスグリ	kuro suguri
rode bes (de)	フサスグリ	fusa suguri
kruisbes (de)	セイヨウスグリ	seiyō suguri
veenbes (de)	クランベリー	kuranberī
sinaasappel (de)	オレンジ	orenji
mandarijn (de)	マンダリン	mandarin
ananas (de)	パイナップル	painappuru
banaan (de)	バナナ	banana
dadel (de)	デーツ	dētsu
citroen (de)	レモン	remon
abrikoos (de)	アンズ ［杏子］	anzu
perzik (de)	モモ ［桃］	momo
kiwi (de)	キウイ	kiui
grapefruit (de)	グレープフルーツ	gurēbu furūtsu
bes (de)	ベリー	berī
bessen (mv.)	ベリー	berī
vossenbes (de)	コケモモ	kokemomo
bosaardbei (de)	ノイチゴ ［野いちご］	noichigo
bosbes (de)	ビルベリー	biruberī

97. Bloemen. Planten

bloem (de)	花	hana
boeket (het)	花束	hanataba
roos (de)	バラ	bara
tulp (de)	チューリップ	chūrippu
anjer (de)	カーネーション	kānēshon
gladiool (de)	グラジオラス	gurajiorasu
korenbloem (de)	ヤグルマギク［矢車菊］	yagurumagiku
klokje (het)	ホタルブクロ	hotarubukuro
paardenbloem (de)	タンポポ［蒲公英］	tanpopo
kamille (de)	カモミール	kamomīru
aloë (de)	アロエ	aroe
cactus (de)	サボテン	saboten
ficus (de)	イチジク	ichijiku
lelie (de)	ユリ［百合］	yuri
geranium (de)	ゼラニウム	zeranyūmu
hyacint (de)	ヒヤシンス	hiyashinsu
mimosa (de)	ミモザ	mimoza
narcis (de)	スイセン［水仙］	suisen
Oostindische kers (de)	キンレンカ［金蓮花］	kinrenka
orchidee (de)	ラン［蘭］	ran
pioenroos (de)	シャクヤク［芍薬］	shakuyaku
viooltje (het)	スミレ［菫］	sumire
driekleurig viooltje (het)	パンジー	panjī
vergeet-mij-nietje (het)	ワスレナグサ［勿忘草］	wasurenagusa
madeliefje (het)	デイジー	deijī
papaver (de)	ポピー	popī
hennep (de)	アサ［麻］	asa
munt (de)	ミント	minto
lelietje-van-dalen (het)	スズラン［鈴蘭］	suzuran
sneeuwklokje (het)	スノードロップ	sunōdoroppu
brandnetel (de)	イラクサ［刺草］	irakusa
veldzuring (de)	スイバ	suiba
waterlelie (de)	スイレン［睡蓮］	suiren
varen (de)	シダ	shida
korstmos (het)	地衣類	chī rui
oranjerie (de)	温室	onshitsu
gazon (het)	芝生	shibafu
bloemperk (het)	花壇	kadan
plant (de)	植物	shokubutsu
gras (het)	草	kusa
grasspriet (de)	草の葉	kusa no ha

blad (het)	葉	ha
bloemblad (het)	花びら	hanabira
stengel (de)	茎	kuki
knol (de)	塊茎	kaikei

| scheut (de) | シュート | shūto |
| doorn (de) | 茎針 | kuki hari |

bloeien (ww)	開花する	kaika suru
verwelken (ww)	しおれる	shioreru
geur (de)	香り	kaori
snijden (bijv. bloemen ~)	切る	kiru
plukken (bloemen ~)	摘む	tsumamu

98. Granen, graankorrels

graan (het)	穀物	kokumotsu
graangewassen (mv.)	禾穀類	kakokurui
aar (de)	花穂	kasui

tarwe (de)	コムギ [小麦]	komugi
rogge (de)	ライムギ [ライ麦]	raimugi
haver (de)	オーツムギ [オーツ麦]	ōtsu mugi
gierst (de)	キビ [黍]	kibi
gerst (de)	オオムギ [大麦]	ōmugi

maïs (de)	トウモロコシ	tōmorokoshi
rijst (de)	イネ [稲]	ine
boekweit (de)	ソバ [蕎麦]	soba

erwt (de)	エンドウ [豌豆]	endō
boon (de)	インゲンマメ [隠元豆]	ingen mame
soja (de)	ダイズ [大豆]	daizu
linze (de)	レンズマメ [レンズ豆]	renzu mame
bonen (mv.)	豆類	mamerui

LANDEN VAN DE WERELD

99. Landen. Deel 1

Afghanistan (het)	アフガニスタン	afuganisutan
Albanië (het)	アルバニア	arubania
Argentinië (het)	アルゼンチン	aruzenchin
Armenië (het)	アルメニア	arumenia
Australië (het)	オーストラリア	ōsutoraria
Azerbeidzjan (het)	アゼルバイジャン	azerubaijan
Bahama's (mv.)	バハマ	bahama
Bangladesh (het)	バングラデシュ	banguradeshu
België (het)	ベルギー	berugī
Bolivia (het)	ボリビア	boribia
Bosnië en Herzegovina (het)	ボスニア・ヘルツェゴヴィナ	bosunia herutsegovina
Brazilië (het)	ブラジル	burajiru
Bulgarije (het)	ブルガリア	burugaria
Cambodja (het)	カンボジア	kanbojia
Canada (het)	カナダ	kanada
Chili (het)	チリ	chiri
China (het)	中国	chūgoku
Colombia (het)	コロンビア	koronbia
Cuba (het)	キューバ	kyūba
Cyprus (het)	キプロス	kipurosu
Denemarken (het)	デンマーク	denmāku
Dominicaanse Republiek (de)	ドミニカ共和国	dominikakyōwakoku
Duitsland (het)	ドイツ	doitsu
Ecuador (het)	エクアドル	ekuadoru
Egypte (het)	エジプト	ejiputo
Engeland (het)	イギリス	igirisu
Estland (het)	エストニア	esutonia
Finland (het)	フィンランド	finrando
Frankrijk (het)	フランス	furansu
Frans-Polynesië	フランス領ポリネシア	furansu ryō porineshia
Georgië (het)	グルジア	gurujia
Ghana (het)	ガーナ	gāna
Griekenland (het)	ギリシャ	girisha
Groot-Brittannië (het)	グレートブリテン島	gurētoburiten tō
Haïti (het)	ハイチ	haichi
Hongarije (het)	ハンガリー	hangarī
Ierland (het)	アイルランド	airurando
IJsland (het)	アイスランド	aisurando
India (het)	インド	indo
Indonesië (het)	インドネシア	indoneshia

Irak (het)	イラク	iraku
Iran (het)	イラン	iran
Israël (het)	イスラエル	isuraeru
Italië (het)	イタリア	itaria

100. Landen. Deel 2

Jamaica (het)	ジャマイカ	jamaika
Japan (het)	日本	nihon
Jordanië (het)	ヨルダン	yorudan
Kazakstan (het)	カザフスタン	kazafusutan
Kenia (het)	ケニア	kenia
Kirgizië (het)	キルギス	kirugisu
Koeweit (het)	クウェート	kuwēto

Kroatië (het)	クロアチア	kuroachia
Laos (het)	ラオス	raosu
Letland (het)	ラトビア	ratobia
Libanon (het)	レバノン	rebanon
Libië (het)	リビア	ribia
Liechtenstein (het)	リヒテンシュタイン	rihitenshutain
Litouwen (het)	リトアニア	ritoania

Luxemburg (het)	ルクセンブルク	rukusenburuku
Macedonië (het)	マケドニア地方	makedonia chihō
Madagaskar (het)	マダガスカル	madagasukaru
Maleisië (het)	マレーシア	marēshia
Malta (het)	マルタ	maruta
Marokko (het)	モロッコ	morokko
Mexico (het)	メキシコ	mekishiko

Moldavië (het)	モルドヴァ	morudova
Monaco (het)	モナコ	monako
Mongolië (het)	モンゴル	mongoru
Montenegro (het)	モンテネグロ	monteneguro
Myanmar (het)	ミャンマー	myanmā
Namibië (het)	ナミビア	namibia
Nederland (het)	ネーデルラント	nēderuranto

Nepal (het)	ネパール	nepāru
Nieuw-Zeeland (het)	ニュージーランド	nyūjīrando
Noord-Korea (het)	北朝鮮	kitachōsen
Noorwegen (het)	ノルウェー	noruwē
Oekraïne (het)	ウクライナ	ukuraina
Oezbekistan (het)	ウズベキスタン	uzubekisutan
Oostenrijk (het)	オーストリア	ōsutoria

101. Landen. Deel 3

Pakistan (het)	パキスタン	pakisutan
Palestijnse autonomie (de)	パレスチナ	paresuchina
Panama (het)	パナマ	panama

Paraguay (het)	パラグアイ	paraguai
Peru (het)	ペルー	perū
Polen (het)	ポーランド	pōrando
Portugal (het)	ポルトガル	porutogaru
Roemenië (het)	ルーマニア	rūmania
Rusland (het)	ロシア	roshia
Saoedi-Arabië (het)	サウジアラビア	saujiarabia
Schotland (het)	スコットランド	sukottorando
Senegal (het)	セネガル	senegaru
Servië (het)	セルビア	serubia
Slovenië (het)	スロベニア	surobenia
Slowakije (het)	スロバキア	surobakia
Spanje (het)	スペイン	supein
Suriname (het)	スリナム	surinamu
Syrië (het)	シリア	shiria
Tadzjikistan (het)	タジキスタン	tajikisutan
Taiwan (het)	台湾	taiwan
Tanzania (het)	タンザニア	tanzania
Tasmanië (het)	タスマニア	tasumania
Thailand (het)	タイ	tai
Tsjechië (het)	チェコ	cheko
Tunesië (het)	チュニジア	chunijia
Turkije (het)	トルコ	toruko
Turkmenistan (het)	トルクメニスタン	torukumenisutan
Uruguay (het)	ウルグアイ	uruguai
Vaticaanstad (de)	バチカン	bachikan
Venezuela (het)	ベネズエラ	benezuera
Verenigde Arabische Emiraten	アラブ首長国連邦	arabu shuchō koku renpō
Verenigde Staten van Amerika	アメリカ合衆国	amerika gasshūkoku
Vietnam (het)	ベトナム	betonamu
Wit-Rusland (het)	ベラルーシー	berarūshī
Zanzibar (het)	ザンジバル	zanjibaru
Zuid-Afrika (het)	南アフリカ	minami afurika
Zuid-Korea (het)	大韓民国	daikanminkoku
Zweden (het)	スウェーデン	suwēden
Zwitserland (het)	スイス	suisu